负阴抱阳,孕育希望。

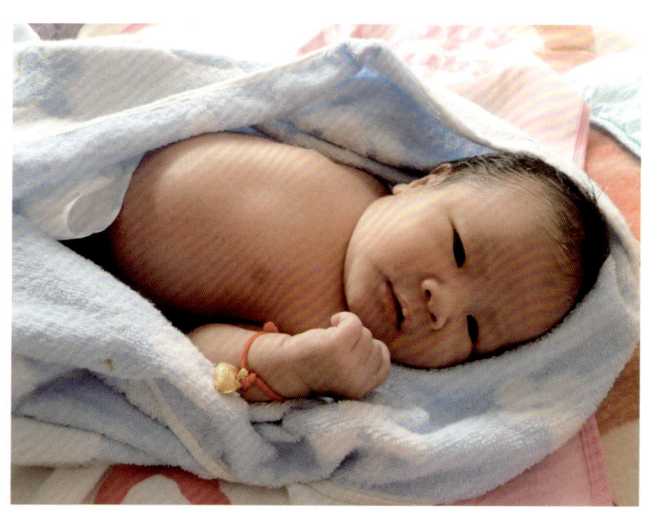

孩子,你好!

hello,victor!曙光在前头!

小提琴啊小提琴,让我欢喜让我忧!

耳濡目染,书香陪伴。

这是我的爸爸,那是我的妈妈。

母子探访慈城,体会慈孝文化。

忠厚培元气,诗书继世长。

彩色小鱼

可爱的小兔爱吃胡萝卜

熊猫宝宝爱吃竹笋

悠闲的长颈鹿,吃得甜津津

哥俩好

祝愿上海的明天更美好

我的梦想是像爸爸一样做一名中医

Merry Christmas

爸爸在左 妈妈在右
——「天心居」育儿秘笈

许良 居平 ◎ 著

华东师范大学出版社

目 录

序一：珍爱生命 // 1
序二：科学与人文的有机结合 // 1
前言：爸爸妈妈一样好 // 1

一部曲　妊娠：好"孕"降临

第一章　备孕——自然而然　道法自然 // 3

一、爸爸在左 // 3
1. 人求健康，勿忘养生 // 3
2. "眠养""食养""调养" // 5
3. 孕前女性中医调养 // 6

二、"天心居"秘笈 // 7
1. "睡补"为先 // 7
2. "食补"其次 // 8
3. "药补"置后 // 12
4. 左弦右滑定乾坤 // 13

三、爱心加油站 // 15

1. 养生勿失道 // 15
2. 精神调适更重要 // 15

四、妈妈在右 // 16

生育年龄三部曲 // 16

"白骨精"变成了"白娘子" // 17

第二章 妊娠期——准妈妈 准爸爸 // 20

孕前期

一、爸爸在左 // 21

1. 中医调养重视前三月 // 21
2. 孕前期食疗保健方 // 21
3. 谁"盗走"了准妈妈的美梦 // 23

二、"天心居"秘笈 // 23

1. 高龄准妈巧避险 // 23
2. 孕期锻炼，增婴智商 // 24
3. 孕期如何安全用药 // 24

三、爱心加油站 // 25

1. 先调心，后养胎 // 25
2. 管好自己，呵护胎儿 // 25
3. 孕期胎教，妙不可言 // 26

四、妈妈在右 // 28

生命因你而精彩 // 28

孕中期

一、爸爸在左 // 30
1. 孕中期中医调养重点 // 30
2. 孕中期"睡补"调养 // 31
3. 孕中期"食补"调理 // 32

二、"天心居"秘笈 // 32
1. 轻松应对孕中期睡眠问题 // 32
2. 中医巧治孕中期便秘 // 33

三、爱心加油站 // 34
1. 孕中期可做之事 // 34
2. 孕中期不宜和禁忌 // 34

四、妈妈在右 // 35
健康准妈快乐多 // 35

孕后期

一、爸爸在左 // 37
1. 孕后期中医调养重点 // 37
2. 孕后期睡眠的小技巧 // 38
3. 孕后期简单食疗方 // 39

二、"天心居"秘笈 // 40
1. 孕后期特别关注 // 40
2. 保产无忧方 // 41

三、爱心加油站 // 43
1. "大腹便便"的准妈妈 // 43
2. 脆弱的"三高"准妈妈 // 44

3. 有备无患的准妈妈 // 44

四、妈妈在右 // 45
船到桥头自然直 // 45

二部曲　分娩：痛并快乐着

第一章　分娩——痛并快乐着 // 51

一、爸爸在左 // 51
1. 注意临产食补调养 // 51
2. 分娩前食谱二则 // 51

二、"天心居"秘笈 // 52
1. 分娩期动静结合 // 52
2. 意象转移法助睡眠 // 53

三、爱心加油站 // 53
1. 准妈妈心身两大转变 // 53
2. 准妈妈分娩前的忌讳 // 54
3. 吃颗快乐"定心丸" // 54

四、妈妈在右 // 54
痛并快乐着 // 54
孩子，你好！ // 57

第二章　产褥期——不能承受的生命之轻 // 60

一、爸爸在左 // 60
1. 老方新法相结合 // 60

2. "月子"里的中医保养 // 61

3. 产后腰痛中医食疗方 // 62

二、"天心居"秘笈 // 65

1. 产后催乳食疗方 // 65

2. 哺乳期补血食疗方 // 66

三、爱心加油站 // 67

1. "性福生活"如鱼得水 // 67

2. 产后身心护理 // 68

3. 心情和休息同等重要 // 70

四、妈妈在右 // 70

不能承受的生命之轻——"坐月子"有感 // 70

健康小子是怎样炼成的 // 73

第三章 产后恢复——积极应对"多事之秋" // 75

一、爸爸在左 // 75

1. 产后初期的饮食建议 // 75

2. 产后营养美容餐 // 75

二、"天心居"秘笈 // 77

1. 积极预防"月子病" // 77

2. 远离"产后忧郁" // 77

三、爱心加油站 // 79

1. 坚持锻炼心情好 // 79

2. 积极应对产后抑郁 // 80

3. 产后体型恢复最佳期 // 82

四、妈妈在右 // 83
穿上还是脱下？// 83

三部曲　育儿：生命的延续

第一章　新生儿——我们的世界从此多了一个你 // 87

一、爸爸在左 // 87
中医养子十法 // 87

二、"天心居"秘笈 // 88
1. 中医催乳良方 // 88
2. 好好睡觉，天天向上 // 89
3. 宝宝睡姿误区 // 90

三、爱心加油站 // 92
1. 新生儿的心理健康特点 // 92
2. 重视新生儿的心理需求 // 93
3. 新手妈妈的心理健康 // 93

四、妈妈在右 // 95
人生第一口黄连 // 95

第二章　0—1岁——甜蜜的负担 // 98

一、爸爸在左 // 98
1. 中医断奶有说法 // 98
2. 科学断奶有讲究 // 99

二、"天心居" 秘笈 // 100

1. 科学安排食谱 // 100
2. 父母是最好的老师 // 100

三、爱心加油站 // 101

1. 做好断奶心理准备 // 101
2. 口唇期性格 // 101

四、妈妈在右 // 103

母乳：当断则断 // 103

一夜长大了 // 105

第三章 1—2岁——成长的第一个逆反期 // 108

一、爸爸在左 // 108

1. 幼儿期中医保健 // 108
2. 四时辨体捏脊疗法 // 109
3. 锌和钙，补多少？// 110

二、"天心居" 秘笈 // 111

1. 养生九字经 // 111
2. 幼儿常用食疗方 // 113

三、爱心加油站 // 115

1. "犟头倔脑"的两岁 // 115
2. 巧方法解逆反"疙瘩" // 116

四、妈妈在右 // 117

"小明星"变成"小霸王" // 117

"Terrible Two"？人生第一次逆反 // 119

好妈妈 坏妈妈 // 121

丁零零！上课了！// 122

第四章　2—3岁——父母是孩子最好的老师 // 124

一、爸爸在左 // 124

1. 2—3岁幼儿发展特点 // 124
2. 幼儿补钙食谱 // 125

二、"天心居"秘笈 // 126

1. 幼儿防感冒"汤" // 126
2. 幼儿祛痱方 // 127
3. 幼儿经典药膳 // 128
4. 小儿消积良方 // 128

三、爱心加油站 // 129

1. 肛门期性格 // 129
2. 家庭教养方式对幼儿的影响 // 130
3. 中国孩子最缺乏的教育 // 131
4. 幼儿入园须知 // 132

四、妈妈在右 // 134

妈妈，不要"家规"哦！// 134

我父母立的"家规" // 136

五角星，亮晶晶 // 137

运动着，快乐着 // 139

一二一，开步走 // 140

第五章　3—6岁——三岁看大　六岁看老 // 142

一、爸爸在左 // 142
1. 学龄前儿童的中医保健 // 142
2. 学龄前儿童健康食谱 // 143

二、"天心居"秘笈 // 145
1. 让孩子爱上米饭 // 145
2. 保证充足的睡眠 // 146

三、爱心加油站 // 146
1. 性器期性格 // 146
2. 三岁看大，六岁看老 // 147

四、妈妈在右 // 148
我叫"男子汉" // 148
我是"小中医" // 150

附录

让微信飞——妈妈育儿心得：(60后、70后、80后、90后) // 155

后记：

陪伴是最好的爱 // 162

序一：珍爱生命

好几年前，居平的自传体小说《点点滴滴》发表之际，我曾默默为她祈祷：像这样一个美丽、纯真、善良的女孩子，应能够早日寻觅到真爱。数年过去，上帝果然赐给了她一个令人羡慕的美满家庭。《爸爸在左 妈妈在右》这本书所透露的信息，以及这几年他们夫妻所经历的种种，让我看到上天赐给了她一位知识渊博又与其心灵相通的丈夫和聪慧可爱的孩子。

而我的独生女儿自从赴美留学、恋爱、成家、怀孕、生子、育儿，经历与居平几乎完全相同，现在也已是四个孩子的母亲。她的育儿经验及孩子们的健康成长，也印证了《爸爸在左 妈妈在右》这本书的观点值得肯定和推广。

这是一本文体独到的书。你很难分清它究竟是文学作品，还是科普著作。它一扫过去那些医学书籍的枯燥和单调，用一个个生动的事例以近于谈心的方式，把一颗幼小的生命种子成长的故事娓娓道来，鲜活而生动。其中许多生活化的细节描写，个性化的语言，让人忍俊不禁。读者在享受文学作品的过程中潜移默化地得到了自身保健知识和抚婴育儿知识。

这是一本传授真知的书。它既是有着家学渊源的许良医生继承祖传医术，加上自己临床实践得出的珍贵总结，亦是居平女士在怀孕育子过程中的真切感受。从生理到心理，从护理到调理，药补食疗，老方新法，方方面面都讲述得细致周到。预防、复健及一个个具有科学根据的小贴士，真切的心情变化和感受，对妇女孕产期保健和养育婴儿都是极有价值的经验。

这是一本播种爱心的书。当你读到"十月怀胎，一朝分娩。再把一个小小婴儿一点一滴地养育长大，其中的酸甜苦辣，只有真正体验过整个孕育过程的母亲才能体会到，而父亲在这个特别过程中，也起着举足轻重的作用"、"从怀孕第一天直到现在，孩子都与我们在一起，爸爸在左，妈妈在右，不离左右地呵护着他的身心健康，他可是我们夫妇亲力亲为带大的"等内容时，由衷地为这对年轻父母的付出而感动。他们爱情的结晶从其幼小的生命跨入世界那一刻起，就得到了真爱和关照。这些无私奉献令那些只顾享乐、忘却责任的准爸妈们汗颜。愿中国的孩子们都能像颢颢那样幸运。

今天，当年轻的准爸妈们不厌其烦地通过各种渠道四处寻找怀孕育子的"秘笈"时，我劝他们读一读《爸爸在左 妈妈在右》这本书，一定是大有裨益的。

剧作家 习志淦
于武昌东湖国际·鼎园

序二：科学与人文的有机结合

阅读许良、居平夫妇的书稿《爸爸在左　妈妈在右——"天心居"育儿秘笈》，我一直被深深地吸引着、感染着，并从中获得许多的教益和启发。我觉得这是一部非常独特和独到的，或者说是不同凡响的书。这本书的最大特点就是很好地做到了科学与人文的有机结合，是科学精神与人文情怀的血肉互渗。

《爸爸在左　妈妈在右——"天心居"秘笈》一书共分为三部分，其标题依次是：一部曲"妊娠：好'孕'降临"；二部曲"分娩：痛并快乐着"；三部曲"育儿：生命的延续"。我们可以看到"三部曲"各个标题的前半部分如"妊娠""分娩""育儿"，完全是采用科学著作的表述方式；后半部分如"好'孕'降临"、"痛并快乐着"、"生命的延续"则是采用文学的表述方式，渗透着真诚的情感和浓郁的人文情怀。

本书能有如此非同一般的特质和特点，与两位著者自身的素养和写作追求是分不开的。著者之一许良出身中医世家，毕业于著名的上海中医药大学，长期从事中医的临床医疗工作和中医的教学、科研工作；另一位著者居平是知名的记者兼作家，曾出版过多部有影响的散文和小说作品，同时自己也是一位充满爱心的、有着丰富育儿经验的妈妈。至于他们的写作追求，我想引用他们自己的话来说明，其《前言》的结尾写道："我们把平时积累的这些粗浅的心得，和准爸妈及已经为人父母的朋友们一起分享！希望天下父母和孩子们都身心健康、自在快乐！"这里表述得很清楚，著者是要和朋友们"分享"自己的"心得"，而不是写成一般的教科书来"教导"大家，他们追求的是天下父母和孩子们都健康快乐。

两位著者是真正用心、用情写作了这本书。用心，就是说著者从选题到撰写都下了真功夫，从目录可以看到，本书涉及了从"妊娠"到"分娩"再到"育儿"全过程的重要方面和重要问题。我在这里举两个小例子，比如其"'大腹便便'的准妈妈"一部分包括如下几个方面："了解分娩原理"；"入院"；"做好分娩准备"；"正视分娩，减少恐惧"。又比如"有备无患的准妈妈"一部分包括如下几个方面："联系好住院事宜"；"按时做产前检查"；"准备好待产包"；"请家人配合经常按摩"。可以说其考虑得非常细致、周到、全面。如果说本书是从"妊娠"到"分娩"再到"育儿"的"小百科全书"，也不夸张。用情，是说著者在写作中倾注了自己的全部爱心、热忱和真诚情感。其《前言》的开头写道："孩子是爱情的结晶，是生命的延续，更是父母的心肝宝贝。""我们的大头儿子，小家伙人见人爱，他阳光健康、聪明可爱，尤其是我们带他一起在苏州河边散步的时候，孩子最开心的就是左手拉着爸爸，右手拉着妈妈，然后一起跑啊跑！从怀孕第一天直到现在，孩子都与我们在一起，爸爸在左，妈妈在右，不离左右地呵护着他的身心健康，他可是我们夫妇亲力亲为带大的，这在繁华忙乱的大都市也是很难想象的吧！"本书每一章中都有"爸爸在左"、"妈妈在右"这样的小标题，孩子是爸爸和妈妈共同的"心肝宝贝"，所以需要爸爸和妈妈共同去呵护，共同去抚育。本书也是两位著者共同用情写作的，著者的用情，其对象既是自己的孩子，也是所有的孩子。

实用性与可读性相交融，亦是本书的重要特点。书中第三部分"育儿：生命的延续"，其第一章"新生儿"包括了"中医养子十法"、"中医催乳良方"、"好好睡觉，天天向上"、"宝宝睡姿误区"、"新生儿的心理健康特点"、"重视新生儿的心理需求"、"新手妈妈的心理健康"等。

从实用性角度看，可以说这本书是一部育儿的、系统性的"工具书"。其第二章"0—1岁"部分写到著者自己给儿子断奶，提到做妈妈的"我"与"他爸"有不同意见："他爸人到中年，有点发福了，挺着将军肚，一摊双手，气呼呼地说：'我倒是想喂奶减肥呢，颢颢他不喝呀！我也没奶水呀！'又原地转一圈，嘟嘟哝哝地说：'喂奶多好呀，一举两得，孩子可以喝奶，自己可以减肥！'他那着急的样子，好像真恨不得立马生出两个奶水充足的大奶头，供儿子随时喝奶呢！"书中类似这样以著者亲身体验、现身说法为特点的精彩而具有艺术性的描写甚多，使得本书具有了很强的可读性。

近几天来，我阅读许良、居平夫妇的这本著作，并为其写序，感到特别地快乐，这当然首先是由于这本著作本身有吸引力，但也还有一个非常重要的原因，那就是我的小孙女余童心五岁多了，我的小孙子余童乐两岁多了，他们都健康、漂亮、聪明、懂事，人见人爱。我们外出住宾馆时，见了他俩的宾馆服务员、保安都忍不住要来逗他们。小孙女余童心在两个月左右的时候，躺在床上，因为被一件红色衣服所吸引，居然手脚和整个身体并用，执着地花了十多分钟的时间移动了近一米远，当她高兴地终于用手扯到红衣服并把衣角塞到嘴巴里，却发现毫无味道时，便哇哇大哭起来。至今我们还不时欣赏这段有趣的视频。现在，我和同为大学教授的夫人在一起聊天，专业和学术已退居次要位置，话题总是围绕童心、童乐两个宝宝。自然地，当我阅读书中的相关部分时，总是情不自禁地想到他们。所以，我很感谢许良、居平夫妇带给我的快乐和教益。我相信，所有的读者都会和我有相同感受的。

湖南理工大学教授　余三定
于湖南岳阳南湖藏书楼

前言：
爸爸妈妈一样好

孩子是爱情的结晶，是生命的延续，更是父母的心肝宝贝。"颢颢"的名字取自《楚辞·大招》中的"天白颢颢"，我们希望他如阳光般清新、洁白、明亮！书中选择了一部分颢颢从幼儿园到现在的儿童画，作书中插页图，记录他生活的点点滴滴，也是对他的积极性和创造性的鼓励。从无到有，从小胚胎到大儿童，这本书就作为他人生路上特别的礼物吧！

在欧洲，每个女孩子的婚礼上都有一支乐曲叫《爸爸的宝贝》，每个女孩子都要在这个幸福神圣的时候跟自己的父亲跳舞，似乎每个父亲都是一边听着，一边就激动地流下了眼泪……曾经在一位朋友的婚礼上，我同样听到了这支曲子。当时，爸爸激动地流着眼泪，拥着身穿洁白婚纱的女儿，握着她的手，郑重其事地把她交到新郎手里，像完成了一件历史重任一样。新娘的妈妈也站在旁边，静静地看着这一切，不知道她在想些什么。也许，她听着曲子在想，女儿是爸爸的宝贝，更是妈妈的宝贝呀，养大女儿，妈妈的付出也实在太多。

十月怀胎,一朝分娩。再把一个小小婴儿一点一滴地养育长大,其中的酸甜苦辣,只有真正体验过整个孕育过程的母亲才能体会到,而父亲在这个特别过程中,也起着举足轻重的作用。也许,对于养育孩子,西方文明强调的是父亲与女儿之间那种依恋的感觉,比如说女儿是父亲的小情人,而在东方,则更强调母亲的伟大。

很多年前,有部电影叫《妈妈再爱我一次》,里面有句歌词是这样的:"世上只有妈妈好,有妈的孩子像块宝,投进妈妈的怀抱,幸福享不了。"当然,听了这样的歌,妈妈们会很欣慰满足,但爸爸们会有什么感觉呢?也许会很失落,小孩子的成长当然也离不开爸爸,爸爸的怀抱也同样温暖安全、博大厚实啊!就像颢颢,他喜欢妈妈的怀抱,尤其是要睡觉或不太舒服的时候,他就赖在妈妈柔软的怀抱里,听着轻柔的催眠曲"摇啊摇,摇到外婆桥……"不一会儿,就香香地睡着了。但他最开心的时刻,就是爸爸抱着把他高高地举起来,或者骑在爸爸的肩上(他称之为"骑大马"),挥舞着小手臂,好开心!因为,借着爸爸的肩膀,他看到更高更广的天空,那可是男子汉的天空哦!父子间的那种亲密无间的感觉,是任何东西都无法替代的。

几千年前,老子在《道德经》里就说:"万物负阴而抱阳,冲气以为和。"万物阴阳和谐了,一切自然也就顺了,这也就是老子说的"道法自然"。我们现在的社会也在提倡"和谐",和谐生万物。所以,在养育孩子的问题上,爸爸妈妈一样重要,阳刚阴柔,一个也不能少!不要人为地强调爸爸还是妈妈好,哪一个更好,哪一个更重要。

我们也看到,身边一些所谓的问题儿童,在成长的过程中或是在养育孩子的过程中,妈妈溺爱太多、爸爸严教太少,或者长辈们传统守旧的育儿方式参与太多,孩子产生了或多或少的心理问题,给以后健康成长带来种种负面影响。

我们的大头儿子,小家伙人见人爱,他阳光健康、聪明可爱,尤其是我们带他一起在苏州河边散步的时候,孩子最开心的就是左手拉着爸爸，右手拉着妈妈，然后一起跑啊跑！从怀孕第一天直到现在，孩子都与我们在一起，爸爸在左，妈妈在右，不离左右地呵护着他的身心健康，他可是我们夫妇亲力亲为带大的，这在繁华忙乱的大都市也是很难想象的吧！为人父母，累并快乐着；在孩子的眼里，肯定是爸爸妈妈一样好！

在本书中，我们参考了很多孕育健康孩子的经验与方法，也学习了身边亲朋好友的"育儿经"，再加上我们独家孕育教养孩子的"秘笈"等，在每部曲中又细分出"爸爸在左"（中医理论）、"'天心居'秘笈"（临床实践）、"爱心加油站"（心理辅导）、"妈妈在右"（育儿感想）几个栏目，以便读者朋友们在茶余饭后轻松愉快地阅读。

"'天心居'秘笈"来源于上海石库门文化。我们祖孙四代都居住在石库门里，爷爷曾是上海很有名的老中医，医德、医术都很好，他开朗豁达、鹤发童颜，一直活到100岁，前些年仙逝了。爷爷曾笑说，他健康长寿的"秘笈"就是因为长年居住在石库门里，上承阳光雨露，下接绿荫地气，他传给我们的养生九字经是"吃得下、睡得着、撒得出"。著名的书画家钱君匋和爷爷是至交，钱君匋老师曾送爷爷两幅亲笔题字"妙手回春"和"天心仁术"。到了我们这一代，仍然住在石库门的"屋里厢"，痴情守望并传承、体味着老上海的弄堂文化和风情。长期致力于古建筑保护的同济大学城市与规划学院教授阮仪三先生也来我们"承兴里"参观过。他说，从建筑角度讲，石库门堪称精华。他看到钱君匋先生题写的"天心仁术"，得了启发，又从建筑文化的角度给我们书房和客堂命名，并和著名的书法家丁衍同时为我们题写"天心居"、"久之堂"。所以，"天心居"秘笈并不是什么道听途说、夸大其词的"秘笈"，而是一种传统的健康养生文化与内在精神，石库门养心，养人之精气神文化。书中所提到的"食补"方、"药补"方、"食谱"均基于临床患者具体病情而拟，因各人病情不同，故读者诸君切勿照方抓药。

生活中，朋友经常问我们有什么孕育健康孩子的"独家秘笈"，尤其是生男生女的"秘笈"。其实，左弦右滑定乾坤，现代社会男女各占半边天，生男生女都一样。"秘笈"并不神秘，真正的"秘笈"在每个活生生的家庭里，也在每个人自己的心中。中医传统养生文化和内在的调养，再加上积极的锻炼及西方科学的心理调节，就能实现心中的梦想！我们把平时积累的这些粗浅的心得，和准爸妈及已经为人父母的朋友们一起分享！希望天下父母和孩子们都身心健康、自在快乐！

许良　居平
于春暖花开之"天心居"

一部曲

妊娠：好"孕"降临

妊娠是指从受孕开始，从惊喜万分的第一个月到难以言传的第二个月，一直到大腹便便的第十个月，描述了小宝宝的生长发育和准妈妈身体的变化等。

从中医学来看，经、带、胎、产是女性一生中的四件要事，如果身体健康，那么样样顺当；如果身体不好，往往会在以上四个方面表现出来。如果平时摄食不当，胎时产后处理有误，则会影响日后的健康。所以，孕产妇的体质特征与饮食问题就显得异常重要了。

第一章

备孕——自然而然　道法自然

一、爸爸在左

1. 人求健康，勿忘养生

当今，在白领上班族当中，亚健康人群与日俱增。我国经济高度发达的地区，如上海、北京、广州等，高年龄、高收入、高学历的"三高"人群不断增多。这些人不仅需要合理的作息、健康的生活，更需要合适的中医调理和心理指导。

要讲中医调理，还是让我们先简单了解健康与养生的概念。健康是什么？没有人不热爱健康，但真正懂得健康的人却少之又少，因为健康从来就不只是躯体无恙，而且是身体心灵的和谐。健康是一种积极的生命姿态，不是简单的无疾状态。确保健康的四大基石：合理饮食、适当运动、戒烟限酒、心理平衡。这些都需要在良好的睡眠状态下完成。

养生是一门传统学问，有理论也有方法。养生一词最早见于《庄子内篇》。所谓生，就是生命、生存、生长之义；所谓养，即保养、调养、补养之义。养生是追求人的形与神的健康，人与天地自然的和谐、人与人整体的和谐状态。养生这一门传统学问目前正在焕发新的活力，也越来越受到现代人的重视。而现在，人们都在热谈中医养生，那么，到底什么才是真正的中医养生呢？我们可以从精神养生和心理养生两方面来理解。养身先养心，养生勿失道。

所谓精神养生，就是在"天人相应"整体观念指导下，通过怡养心神、静思冥想、移情易性、调摄情志、疏泄汗导等方法，保护和增强人的心理健康，达到形神高度统一，提高健康水平。所谓心理养生，就是从精神上保持良好状态，以保障机体功能的正常发挥，达到防病健身、延年益寿的目的。

（1）重视体质调养

择时受孕非常重要。男子以肾为先天，贵在养精；女子以肝为先天，贵在养血。精子、卵子在母体身心皆健康的情况下结合，宝宝的先天禀赋才会高。特别是高龄女性做好孕前体质保健，不但可以弥补宝宝的先天禀赋不足，更会减少许多危险因素，降低高危妊娠的发生率。如今，临床上胎停流产不少，常见的有女性卵泡质量不好，特别是孕酮偏低，子宫内膜过薄；男性精子质量欠佳、畸形等。这些都需要中医适当调理，保驾护航。

一般以孕前半年至一年调理最为理想，并且最好是准爸妈同时调养，增强体质。

（2）常见四种体虚体质

气虚体质——补气健脾。山药、红枣、莲子等是较为理想的药食同源物品。

血虚体质——养血生血。用枸杞、当归、阿胶等进行调养。但要注意阴血不足的人容易出现心情抑郁的症状，所以保持良好情绪是自我调理的重点。

阴虚体质——滋阴清热。桑葚子、黑木耳、海参等进补效果好，同时要学会调节自我情绪，避免暴怒。

阳虚体质——温补脾肾。用淫羊藿、羊肉、韭菜等进补。中医认为"动则生阳"，要适当加强锻炼。

由此可见，孕前男女的体质调养非常重要，父母的体质会遗传给孩子，终将成为孩子先天禀赋的一部分。但在现实生活中，一个人体质不是单一的，建议去正规医院请中医就不同体质做出正确判断，以便给出针对性的调理方案，提出个性化日常生活建议。

2. "眠养""食养""调养"

俗话说，"养生有三补，药补、食补、神补"，药补不如食补，食补不如神补。所谓神补，主要讲的是睡补，闭目养神，是最简便的养生之法。

（1）眠养——养神

眠养，即所谓养神，"心为君主之官，神明出焉"。在科技高速发展的竞争时代，人们常精神过劳，劳心伤神，易身心俱疲。养心调神，心理指导则是"养心"，这是重要的主题。在个人体质良好、保持正常的睡眠情况下，进行积极的心理健康指导，可达到更好的"养心"睡补效果。

"先睡心，后睡眼"是历代养生家都十分强调的睡眠养生方法。唐代大医学家孙思邈是我国医学史上极为罕见的老寿星，据说他活到102岁。孙氏十分讲究睡眠养生，在《千金要方》卷二十七《道林养性》中说道："凡眠，先卧心，后卧眼。""卧"字本意为伏在矮而小的桌子上睡觉，由此引申为躺在床上睡觉。是说凡睡眠，睡前当摒除一切喜怒忧思和烦恼，精神上尽量放松，做到恬淡虚静，内心安宁，静悄悄地躺着，使大脑处于放松状态，然后慢慢合上双眼，自然地酣入睡梦。

（2）食养——养生

民以食为天。历代中医讲究"眠食养生"，主张合理作息饮食，控制体重,根据二十四节气变换,科学养生,能达到长效的辅助作用。

(3) 调养——防病治病

临床上中医调养,往往指的是药物治疗。所谓药补,是审因辨证调理,未病防病,已病防变,以达到康复强身的目的。中医三养,"睡补"为先,"食补"为次,"药补"为后。

3. 孕前女性中医调养

中医调理是一个综合的过程,天时、地利、人和,和谐生万物。以和为本,男女同构,阴阳和谐了,才能孕育出健康宝宝来。在备孕阶段,夫妻双方最好听听中医专家的建议,合理调整身体。中医认为,受孕的机理是赖乎肾气旺盛,真阴充足,气血和顺,络脉通畅。而如何能达到"好孕",中医建议遵循道法自然的基本规律。

(1) 重视全身调理

中医有阴阳五行理论,五行即金木水火土,以五行的特性来说明人体五脏的生理功能。肝属木、脾属土、心属火、肺属金、肾属水,五脏在生理上相互联系,在病理上相互影响,例如肝郁气滞会导致脾虚,一个脏器有问题,会导致其他的脏器也出现问题。所以,在孕前准备阶段,中医注重"脏腑辨证",非常讲究全身性的调理,而不是针对某一个脏器。

(2) 关注局部调理

第一步:问经

从中医的角度讲,除了把脉、看舌苔这些最常规的方法外,月事情况是女性在看中医的时候最常被问及的。中医认为女性月事,属奇经八脉内的冲脉、带脉、任脉三经的循环。如果有阻碍,会引起很多妇科疾病。如果月经正常,说明气血通畅,但还得关注基础体温,推测排卵是否正常。

第二步：测温

测温，这里特指测女子基础体温，即早晨醒来，尚未起床的体温。正常人的体温，有一个范围。女性排卵后在孕酮的作用下体温会上升0.3—0.5℃。持续14天，然后体温下降。如果体温只是上升3—5天后就下降了，或是一直没有升高的迹象，说明排卵可能有问题，需要调治。

第三步：暖宫

中医有宫寒不孕的说法。子宫就像是胎儿的暖房，如果子宫内环境"冰凉"，那么胎儿就无法生长。为了防止宫寒，女性应该特别注意保护小腹的温暖。如今空调四季常用，那些经常坐着不动的女性，更应该注意腹部和下半身的保暖。

第四步：疏肝

女子以肝为先天，中医尤其强调肝主情志、肝主气机，临床上有"多妒不孕"之说。其意是心胸狭窄、经常生气、嫉妒可能会引起肝气郁结、气血不畅、血脉不调，不易怀孕。

二、"天心居"秘笈

1."睡补"为先

中医有"药补不如食补，食补不如睡补"的名言。这句话简明扼要地道明了睡眠的重要性。而且，"睡补"是不花钱的补，即所谓"神补"。

怀孕是一个令人激动但对体力要求很高的时期。此时的身体状况和情绪变化都会影响睡眠。临床研究发现，在当今导致失眠的五大因素中，精神心理因素占了70%以上。女性怀孕期间及产后初期比其他时期更易受睡眠问题困扰。

第一孕程（怀孕1—3个月），黄体酮水平的增加，使孕妇产生困倦感，夜尿次数增加，睡眠紊乱开始发生；

第二孕程（怀孕4—6个月），黄体酮水平上升减缓，孕妇睡眠质

量比前3个月要好,但仍比怀孕前要差;

第三孕程(怀孕7—9个月),孕妇经常感觉身体不适,胃痛、腿抽筋、鼻窦充血是此时干扰孕妇睡眠的常见原因。

2."食补"其次

准备怀孕的夫妇怎样进行"食补"调理才能有效助孕呢?中医认为,肾为先天之本,肾主生殖,肾脏的功能受损,会影响受孕。下面介绍几个简单的"食补"方。

(1)黄花菜

黄花菜,又名金针菜,药名萱草花、忘忧草。是一种多年生草本植物的花蕾,味鲜质嫩,营养丰富,含有丰富的花粉、糖、蛋白质、维生素C、钙、脂肪、胡萝卜素、氨基酸等人体所必需的养分,其所含的胡萝卜素甚至超过西红柿的几倍。它是一种普通的菜肴。性味甘凉,有清热利胆、明目安神等功效,对吐血、大便带血、小便不畅、失眠、乳汁分泌不足等有一定疗效。

黄花菜

嵇康《养生论》云:"萱草忘忧。"(出自《述异记》)人们用黄花菜来佐膳,学名为萱草。大约已栽种了两千多年,是中国特有的土产。据《诗经》记载,古代有位妇人因丈夫远征,遂在家居北堂栽种萱草，借以解愁忘忧，世人称之为"忘忧草"。另外，花卉鉴赏家认为，萱草翠叶萋萋，着花秀秀，焕发出一种外柔内刚、端庄雅达的风采，令人赏心悦目。难怪古人把它比喻为慈母。苏东坡曾赋曰："萱草虽微花，孤秀能自拔。亭亭乱叶中，一一芳心插。"他所述的"芳心"，就是指母亲的爱心。白居易也有诗云："杜康能散闷，萱草解忘忧。"如今，母亲节，孩子送一簇萱草花，献给心爱的妈妈，便是借此寓意。

"食补" 方[①]

1）黄花菜小排骨汤

原料：黄花菜3两、小排骨250克，茶油、盐和葱姜适量。

做法：煸炒一会儿，加水800毫升左右闷煮至熟。每日服1—2顿。

2）黄花菜炒鸡蛋

原料：黄花菜2两，草鸡蛋2枚，适量茶油、葱姜。

做法：中火翻炒至熟。每日服1—2顿。

（2）合欢花

合欢花有疏肝宁神、滋阴补阳作用，主要是治郁结胸闷、失眠健忘、眼疾、神经衰弱等。一树绿叶红花，翠碧摇曳，真令人赏心悦目，烦怒顿消。

[①] 书中所提到的"食补"方、"药补"方、"食谱"均基于临床患者具体病情而拟，因各人病情不同，故读者诸君切勿照方抓药。

"食补"方

1）合欢花红糖粥

原料：合欢花干品30克（鲜品50克）、粳米50克、红糖适量。

做法：将合欢花、粳米、红糖同放入锅内，加清水500毫升，用文火烧至黏稠即可。于每晚睡前1小时空腹温热炖服。

功效：解郁理血，宁心安神。适用于忿怒忧郁、虚烦不安、健忘失眠等症。

2）合欢花猪肝瘦肉汤

原料：猪肝1两、猪瘦肉1两、合欢花30克、盐3克。

做法：将合欢花用水浸泡，洗净；猪肝、瘦肉洗净，切片，用调味料拌匀；把合欢花放入锅内，加清水适量，文火煮沸十分钟，放入猪肝、瘦肉再煮沸，调好味即可。

（3）其他"食补"方

以下几种简单的"食补"方，对孕前肾、脾、肝的调理会起很好的作用。

1）肾：肾为先天之本，肾主生殖，如果肾脏的功能被破坏，会影响到受孕，甚至导致不孕。

"食补"方

韭菜炒鸡肉

原料：韭菜500克、鸡肉100克、虾米15克。

做法：将韭菜洗净，切成小段，锅烧热，放入适量食用油，将韭菜、鸡肉和虾米一同炒熟，加少许盐即可。

功效：温肾柔肝养胎（适合冬春之季）。

2) 脾：为后天之本，后天气血充足，培土安胎。因此，脾虚，会造成不孕或流产。

"食补"方

扁豆粥

原料：新米150克、扁豆100克。

做法：将米和扁豆洗净，大火将水煮开，放入扁豆和米，煮沸，然后用小火煮至扁豆熟烂即可。

功效：健脾祛湿安胎。

3) 肝：与肾同源，即乙癸同源，肝血不足，或气血不畅也会影响受孕。

"食补"方

猪肝绿豆粥

原料：新鲜猪肝100克、绿豆60克、大米100克。

做法：将绿豆和大米洗净放入锅内，加水煮沸后改成小火，慢慢熬，煮到八成熟时，将猪肝切成条状放入粥内，煮熟后加入少许盐即可。

功效：补肝养血保胎（适合夏秋之季）。

（4）饮茶疗法

1）金橘茶：新鲜金橘2枚，置沸水内浸泡一会儿后，品饮。可疏肝安神。

2）合欢花茶：合欢花6克，置沸水内浸泡一会儿后，慢饮。可疏肝宁心安神。

3）红枣养血茶：红枣10枚，茶叶5克。红枣煮烂，再将茶叶用沸水冲泡五分钟，取茶汁倒入枣汤内搅匀，即可饮食之。每日1剂，不拘时，温服。适用于血虚质，可健脾养胃。

4）黄芪茶：生黄芪1两，大枣10个。反复煎泡代茶饮用。适用于气虚质，可益气健脾。

5）西洋参茶：用西洋参6克（约2—3片）加水煎作茶饮。可当茶时时饮之。适用于阴虚质，以养阴生津。

6）党参红枣茶：党参15—30克、红枣5—10克，煎汤取汁代茶饮用。每日1剂。适用于血虚质。

3. "药补"置后

俗话说：千金易得，一效难求。在此介绍两副传承数十年的良方。

针对一些虽无器质性疾病或常有些妇科隐患，体质欠佳而又想怀孕的女性，建议服用中医孕前方，随症加减。

"药补"方

（1）女性受孕良方

柴胡6克、赤白芍9克、郁金9克、玫瑰花6克、紫丹参15克、夜交藤30克、合欢花9克、茯神15克、生米仁15

克、夏枯草 12 克、仙鹤草 12 克、仙灵脾 12 克、萱草花 15 克。

此方遵循"胎前宜凉，胎后宜温"原则，以疏为要，有疏肝健脾、活血安神之功效。

(2) 男子助孕良方

淫羊藿、仙茅、石楠叶、枸杞子、丹参各 10 克，黄精 30 克，用 1 斤黄酒浸泡 10 天，过滤去渣。早晚饭后或临睡前各服 1 次，每次 10 毫升，连服 30 天为一疗程。服用期间忌房事和食醋、辛辣食物。

4. 左弦右滑定乾坤

现代医学认为，早孕期，通过检测染色体可辨识性别。怀孕三四个月时，可通过 B 超明确胎儿的性别；而中医，则可通过脉诊，以左脉弦右脉滑定乾坤，即育龄女子若出现左手脉弦、右手脉滑的现象，中医则判断该女子怀孕的可能性较大。当今时代，生男生女都一样，男女各占半边天。但面对优生优育，探索永远在路上。

下面分享一则临床有关妊娠期孕妇的睡眠问题的案例，对女性好孕顺时来有帮助。

巧治孕前焦虑、失眠医案

随着都市生活节奏的加快，工作压力大以及不良生活行为等因素，所谓"亚健康综合征"日渐增多，其中焦虑失眠已成为危害健康的隐形杀手，尤其多发于孕期的女性，在临床上屡屡可见。

有一位36岁女性，结婚三年不孕。她从事经营管理，整天忙碌，失眠已困扰她十余年，屡治不效，身体日渐憔悴。医生认为她属心脾两虚、气血两亏，予以益气养血安神治疗。她先后服用过五味子糖浆、养血安神糖浆、刺五加片、安定等中西药物，病情仍未见稳定。来诊时，面色无华，身体消瘦至80斤，夜眠短少，心烦梦扰，目酸乏力，大便干结，胃胀痛，晨起时伴恶心。另有慢性胃炎、胆汁返流性胃炎史。苔白腻、舌质偏红、脉细弦。属精神过劳，劳心伤神。按常规应予以益气养血安神治疗。但审视以前治法不见其效，目前患者又以肝胃不和为其主征。

根据近年对失眠症临床治法规律的探索，中医采取"从肝论治"，疏肝解郁，和胃安神。药选软柴胡、杭白芍、生白术、广郁金、炒竹茹、云茯苓、佛手、夜交藤等。患者服药一周，夜寐见稳，纳谷渐香。守方加减两月，寐安神足，面色见润。此后随访三月，纳香寐安，身心健康。半年后怀孕，次年顺产一子。

人的生理、心理调适不好，焦虑、失眠就会随之而来，尤其是怀孕期间的女性，为了下一代的健康，更要调理好自己的身体。应该养成良好习惯、积极预防，注意多与他人交流，必要时求助医生，防范为先、心身同治。

中医进补，讲究的是体质的寒热虚实。要补，也要补得对才好。因此，进补最好请教相关的专家、医生。总而言之，运用中医理念与方法，改善体质，能提高受孕率。

三、爱心加油站

1. 养生勿失道

如何养生？前面已经简单提过，养生先养心，养心当为首。在此，推荐著名作家、画家冯骥才先生的养心五法：燃香、默坐、把卷、听琴、画兰。

备孕的女性朋友们，你们要知道，做母亲是伟大的，也是快乐的，但更是辛苦的，孕前准备最重要的是心理上的准备，你真的准备好做妈妈了吗？当然，身体好也同样重要，有了健康的身体，才能顺利地完成孕育小生命的全过程。

2. 精神调适更重要

（1）精神养生

精神养生，就是在"天人相应"整体观念指导下，通过怡养心神、静思冥想、移情易性、调摄情志、疏泄汗导等方法，保护和增强人的心理健康，达到形神高度统一，提高健康水平。

（2）心理养生

心理养生，就是从精神上保持良好状态，以保障机体功能的正常发挥，达到防病健身、延年益寿的目的。善良是心理养生的营养素，宽容是心理养生的调节阀。宽容是一种良好的心理品质，它不仅包含着理解和宽容，更显示着气度和胸襟、坚强和力量。乐观，是心理养生的不老丹。淡泊，即恬淡寡欲，淡泊的心态使人始终处于平和的状态。心病还需心药医，音乐疗法有奇效，一曲高山流水，空灵悠远，乐而忘忧。

人与自然，合而为一。远离城市的喧闹，可以让人远离忧愁与焦虑，沉浸在大自然的怀抱中。

四、妈妈在右

生育年龄三部曲

上海真是名副其实的国际化大都市,其中不少"白骨精"(白领、骨干、精英的简称)美丽多才、事业有成,可是婚姻问题悬而未决的却很多。

我们暂且不去研究"白骨精"们为何未婚或晚婚,还是来谈谈大龄已婚的"白骨精",探讨一下女子最佳的生育年龄吧!

专家分析,女性的最佳受孕年龄一般为25—30岁,男性27—35岁。此时男女双方精力比较充沛,精子和卵子的质量比较好,分娩也会比较顺利,有利于优生优育和育后的保健。错过了这一段生育的最佳时机,随着年龄的增长,妊娠与分娩的危险系数将逐渐升高,年龄越大,承担的风险的确也就越多。"高龄"通常指35岁及以上,意味着人到了这个年龄身体整体健康状况下降,但除了自然生理方面的原因,高压对健康的影响也不容忽视。

作家王小波"时代三部曲"是由三部作品组成,分别是《黄金时代》、《白银时代》和《青铜时代》。在整个三部曲系列中,他以喜剧精神和幽默风格述说人类生存状况的荒谬故事,并通过故事,描写权力对创造欲望和人性需求的扭曲及压制。

借着王小波的说法,我把现代女性的生育年龄也划分为三个时代:25—30岁,黄金时代;31—35岁,白银时代;36—40岁,青铜时代;那41—45岁生育的女子,应该划分到什么时代?黑铁时代!

不管女性正处在生育年龄的什么时代，拥有健康的身体，良好的心态，稳定的家庭，才能保证孕育出健康阳光的宝宝来！

"白骨精"变成了"白娘子"

在上海乃至中国，作为过了30岁的单身女性，大都市的"白骨精"们，必然承受很多的社会压力和很多的流言蜚语。但在这些大龄的"白骨精"身上，丝毫没有人们指责"老姑娘"时的那些"性情古怪"、"清高孤傲"、"自不量力"等毛病。她们的身心是健康的，她们对生活的态度是严肃的。尽管有的人感情屡遭挫折打击，饱受寂寞痛苦，但她们仍然执着地追求着心底的梦想。

因为她们始终相信"相遇是缘，相知是分，相依相守则是一种千年等一回的缘分"。正是靠着这样一种精神支柱，这些优秀的"白骨精"始终没有放弃，孜孜不倦地追觅着自己的真爱。

我也曾经是时尚美丽的"白骨精"，在上海做房地产记者，整天风风火火地拼事业。

终于有一天我觉得累了，再看看身边的同学朋友们，大都结婚生子了，一家人和乐温馨，尤其是看到活泼可爱的孩子，甚是喜欢，恨不得赶紧抓个人结婚，生个孩子！再回头看看自己，虽然房、车、书等都有了，可就是没有一个温暖的家，没有可爱的孩子，心里很不是滋味。

于是，我就忙着相亲，曾经的座右铭是：生命不息，相亲不止。相亲的过程绝对是酸甜苦辣五味杂陈，个中滋味，也只有自己知道。终于，"白骨精"想结婚生子的诚心感动了上苍，在37岁这年，我遇见了自己的"真命天子"——"老中医"许良。其实，老中医并不老，我们相遇那年，他不过45岁，只是他为人忠厚老实，生活习惯又很传统保守，慢悠悠的，像个老中医，我也就顺口开玩笑叫他"老中医"了。

两人相见恨晚，以书为媒，互相欣赏，在短短三个月的时间里，读懂了对方。于是，俩人飞快地闪婚，原本风风火火的"白骨精"摇身变为风情万种的"白娘子"，朋友们则戏称"老中医"许良为"许仙"。

当然，我们这对现代版的"许仙"、"白娘子"婚后生活顺利平静，一切在为怀孕做准备。

在"老中医"许良的精心调理下，我积极地喝些补气血的中药调理身体，再加上锻炼身体，比如游泳、快走等，生性开朗乐观的我，心态特别好，身体也一天比一天好。朋友们都说，以前的我是骨感纤弱的白骨精，因为瘦，所以爱穿白色衣服，整天云里雾里、白衣飘飘；婚后的我体态丰盈，脸色看上去红润有光泽，怎么看都不像是37岁的大龄备孕女性。

为了能顺利地怀孕生子，想生孩子的朋友们一定要记住，养好自己的身体为第一要义，母体环境很重要。虽然从医学角度上来讲，25—30岁，是女子生育的黄金时代，但一旦错过，也不要后悔，因为不管你处在生育年龄的什么时代，关键要拥有健康的身体、阳光的心态，那样，小宝宝才能在母体内有充足的营养，安全快乐地成长。"老中医"许良很会养生，他平时也在喝些补肾的中药调理。总之，为了怀孕，我们都时刻准备着！

精诚所至，金石为开。也许是我们的诚心感动了上苍，终于，在2009年春暖花开的季节，我怀孕了，小小的爱情种子，在母体内顺利地生根发芽，春华秋实，所有的期待，即将实现。

"白骨精"变成了"白娘子"，并且，化"仙"成人，已经是有了小宝宝的准妈妈了，我赶上了女子生育的"青铜时代"。这真像是童话中的传奇故事，每个人的人生都不一样，每个人都在书写自己的童话。

这真是个神奇的世界！

第二章

妊娠期——准妈妈　准爸爸

> 妊娠期,是生理学名词,亦称怀孕期,是从卵子受精后至胎儿娩出之前的一段时间。为了便于计算,妊娠期通常从末次月经的第一天算起,足月妊娠约为280天(约40周)。
>
> 这时,由于胎儿生长发育的需要,母体将产生一系列的适应性变化,各系统的生理功能都增强了,比如体内蛋白质合成增加、心率增快、心搏出量增加、血容量增多等。针对这些变化,古代有些医家认为这些是怀孕后所产生的"热象",因此提出了"胎前宜凉"的观点,主张用苦寒清热的黄芩等药养胎,到底是否需要养胎,还要视个人的体质而定。

孕前期

孕前期就是在妊娠12周之内,也就是怀孕早期。孕前期会出现恶心、呕吐、择食喜酸、厌油腻、胃肠胀气伴随烧灼感、上腹部饱满、便秘等现象，也称早孕反应。

一、爸爸在左

1. 中医调养重视前三月

传统的保健及胎教多数是前人的经验积累。结合古代医书的记载，这里提醒孕妈妈们，孕期前三个月需注意几个要点。

（1）第一个月为"始胚"

北齐徐之才《逐月养胎方》云："妊娠一月名始胚。"它是胚胎成形期。饮食上多吃大麦类的食物，少吃有腥味和辣味的东西，以熟食为主。生活上要避免劳累及心情不安或恐惧。此时睡得安稳很重要，除了环境安静之外，准爸爸也尽量不要去"打扰"准妈妈。

（2）第二个月为"始膏"

现存最早的《胎产书》云："二月始膏，毋食辛燥，居处必静……"说明第二个月是重要器官的成形期，要避免胎儿受到惊吓。准妈妈饮食上要忌吃辛辣和热性的食物，居住环境以安静为宜，尽量避免房事。

（3）第三个月为"始胎"

隋巢元方《诸病源候论》云："妊娠三月始胎，当此之时，血不流，形象始化。"此时，胚胎的头、身体、四肢愈见明显，正式进入胎儿期。此时要注意自己的言行举止，正所谓外象而内感。这个月因是胎儿成形期，准妈妈更要调适心情，尽量不要悲伤、忧虑、生气，以免惊动胎气。

2. 孕前期食疗保健方

前三个月调养重点是养胎气。极其重视饮食调养，饮食清淡勿温补。中医认为，孕早期，胎儿尚未定形，故不宜服食药物，一日三餐要定时，饥饱要适中，饮食要清淡。通过调养提高母体环境质量，孕育出健康的孩子。

（1）基本保健

1）现代医学建议，孕前期应补充多种维生素和适量叶酸，在孕前期应像准备期一样，通过补充叶酸来预防神经管畸形。可多吃些富含叶酸的动植物食物，如动物肝脏、绿叶蔬菜、谷物、花生、豆类等。

2）孕前期应吃些容易消化、清淡少油腻的食物和符合孕妇口味的食物。从养生角度考虑，中医主张少吃多餐，粗菜淡饭，荤素样样有。

3）如有轻度的恶心、呕吐、厌食等症状，可尝试用止呕养胃的食疗方如姜汁米汤、橙子煎汤、柠檬姜汁等。

4）孕前期应忌如螃蟹、甲鱼、薏仁、黑木耳等食品，以免造成一定程度的出血，甚至流产。

5）混合果汁有益安胎。可选用苹果柠檬汁，调节心情，防便秘；火龙果雪梨汁，清肺润燥；柚子香橙蜜汁，生津止渴，预防孕期高血糖；西红柿木瓜蜜汁，理脾和胃，助消化美容；菠萝芹菜蜜汁，健脾解渴，祛湿消肿。

（2）简单食疗方

食疗方

1）生姜蒸鲫鱼：取鲜鲫鱼一条，去鳞清脏洗净，用适量油盐及生姜丝20克调味，蒸熟后服用。

2）生姜调服：生姜为止吐良物，可取生姜鲜汁10—20滴，和药兑服；也可在餐前或饭后口含生姜一片，可有效减轻呕吐。

3）姜汁黄鳝饭：富含维生素B_2，具补血健胃作用，适于妊娠呕吐、食欲不振的早孕女性，做法因人而异，宜清淡。

3. 谁"盗走"了准妈妈的美梦

孕妇给人的感觉好像总是懒洋洋的,尤其是孕前期,很贪睡,睡不醒或睡不好。这都是正常的妊娠反应,孕妇睡眠很重要,准妈妈睡得好,才能保证宝宝健康。

妊娠期间,荷尔蒙变化、饮食改变、胃灼热、尿频、恶心、噩梦等一系列反应,准妈妈想睡个好觉、做个美梦的简单愿望竟变成了一种奢望。谁"盗走"了准妈妈的美梦?

孕期荷尔蒙(黄体酮)变化会让准妈妈情绪不太稳定,精神和心理都变得比较敏感,对于压力的耐受力也会降低,常会有忧郁和失眠等症状发生。所以,适度的压力调适,以及准爸爸、亲人、朋友的体贴与关怀,对于稳定准妈妈的心情都很重要。

最常见的妊娠反应是怀孕初期由于激素和血糖水平不稳定而造成的恶心,这影响到孕妈咪的睡眠。另外,食量增大,消化速度却没有加快,有的甚至放慢,也会导致恶心、呕吐、便秘等现象,影响睡眠。此种情况,建议多喝水、少食多餐、睡前少食,并且在通风良好的环境下睡觉。

二、"天心居"秘笈

1. 高龄准妈巧避险

在中国,女性的最佳受孕年龄一般为 25—30 岁,男性 27—35 岁。此时男女双方精力比较充沛,精子和卵子的质量比较好,分娩也会比较顺利,有利于优生优育和育后的保健。错过了这一段生育的最佳时机,随着年龄的增长,妊娠与分娩的危险系数将逐渐升高,年龄越大,承担的风险的确也就越多。

"高龄"通常指女性 35 岁及以上,意味着人到了这个年龄身体健康状况下降,但除了自然生理方面的原因,高压对健康的影响也不容忽视。尤其是高职位的妈妈，一般都很要强，对自己、对他人都要求较高，平时休息时间少，工作紧张，压力自然较大，情绪会直接影响身体内分泌系统、免疫系统的正常运行。

2. 孕期锻炼，增婴智商

生命在于运动。怀孕期间积极锻炼的母亲，孩子的智商要高8个百分点，母乳喂养达9个月的婴儿智商也会高出6个百分点。以前的观点是怀孕前三个月不能大量运动，而研究表明，做些轻度运动，如拉伸、适量的家务劳动等，可让怀孕女性更容易适应不断变化的体形，并增加对大脑神经元的血液供应，还可提高婴儿智商。

3. 孕期如何安全用药

好"孕"期间，中医主张不用药，尤其前三个月，所谓"药补不如食补"。

以食疗代替药疗。春夏，百合银耳汤；秋冬，莲子芡实汤，根据个人体质和具体情况随症进补。即使用药治疗，建议选取药食同源的中药。

单味麦冬9—15克，煎汤代茶，有养心安神之效。麦冬正是清胃热、养胃阴的好中药，关键是它价格低药效好。临床上，麦冬常用于心气不足、心烦不安的失眠患者或孕妇。

怀孕后，第一感觉是脉搏加快，所谓"脉动"。而如今脉动饮料广告铺天盖地，其作用到底如何，在此不作评论。此"脉动"非彼脉动。脉动，用麦冬。

麦冬，古书上解释为"气味甘平，无毒。主心腹结气，伤中，伤饱，胃络脉绝，羸瘦短气。久服轻身不老、不饥。"麦冬性味甘、微苦、微寒；归心、肺、胃经。

麦冬主心腹结气。五脏六腑都会有脉络与心从属，心气结说的就是胃气结，腹气结其实就是中焦脾胃气结。脾胃是气血生化之源，胃的脉络与五脏六腑、四肢百骸及所有经脉都是相通的。胃又是多气多血之腑，麦冬，凉润清胃热，能让胃四周的脉络气血重新流畅起来。经常用麦冬泡水，自己皮肤会变得更好。

三、爱心加油站

1. 先调心，后养胎

心态好，一切就好。怀孕女性的身心调节非常重要，尤其是在容易出问题的孕前期。中医认为，孕前期调养，重在调心，孕妇应多看美好的东西，保持平和的心态，少听令人烦躁兴奋的音乐，不说粗言妄语，心无邪念，保持开朗，以安胎养神。

2. 管好自己，呵护胎儿

孕前期是一个非常特殊的时期，刚形成的胚胎对于外界的很多因素和刺激异常敏感，准妈妈一定要在生活中管好自己，呵护胎儿，以免导致胎儿畸形或流产。

（1）远离流行性感冒

虽然普通感冒对胎儿影响不大，但如果体温较长时间维持在39℃左右，也有可能造成胚胎畸形。特别是流行性感冒，不仅病毒具有使胚胎或胎儿发生畸形的作用，高热和病毒的毒性还会刺激子宫收缩，引起流产。孕前期如果出现伤风感冒、头痛失眠等不适，请听医嘱，不要自行乱吃药。

（2）禁止做腹部 X 线检查

早孕阶段尤其是怀孕 15—56 天时，胚胎的器官正处于高度分化形成中。特别是腹部一旦接受 X 射线，极易发生胚胎畸形，导致小头、痴呆、脑水肿、小眼等发育上的缺陷。因此，在怀孕前两个月禁止 X 射线照射。

（3）与香水说"拜拜"

气味浓烈的香水中含有一些人工芳香剂，容易刺激孕妇的呼吸道、皮肤神经系统，引起过敏反应，如皮肤瘙痒、头晕、咳嗽甚至头痛等，孕妇本身就很敏感。浓烈的香水还会导致胎儿出生后易患腹泻和耳部感染。

（4）孕吐剧烈及早就医

少数孕妇在怀孕早期反应特别强烈，恶心呕吐以致完全不能进食时，应该及早去医院就诊，严重时通常需要住院治疗。

（5）少用手机、电脑

怀孕前3个月，正是胚胎分化和形成各个组织器官的时期，而手机、电脑在工作状态中会产生一定的电磁辐射，正在发育中的胚胎容易受到损害，建议少用手机、电脑等电子产品。

（6）保持情绪稳定

如果在怀孕7—10周经常处于极度不安的情绪中，容易引起兔唇、腭裂、心脏有缺陷等发育畸形症状，因为此时正是胚胎腭部和脏器发育的关键时期。

（7）出现腹痛尽快就医

怀孕早期出现剧烈腹痛，有可能是发生了宫外孕或流产，应尽早去医院诊治。

3. 孕期胎教，妙不可言

（1）胎教的最关键期

当卵子和精子相结合，变成受精卵的时候，就不可避免地要受到环境的影响。基因的不同加上环境的不同，造成了每个受精卵的差异。孩子后来的行为必然要受到出生以前环境的影响。

受精卵形成时的环境，由天时、地利、人和三种主要因素组成，它们决定了受精卵的质量。受孕后的环境对胎儿的身心发育影响很大。环境危害在孕早期即胎儿前3个月内显得更为明显。因为这3个月内胎儿处于塑造成形的阶段，胎儿今后发育是否良好，很大程度上取决于这一阶段。

（2）中医胎教的养生之道

我们平时所接受的胎教观念大多是从西方传来的胎教经验，其实在我国的中医学中就有关于胎教的种种要素，祖先们历经实践和观察总结而出的宝贵经验、理论更加悠久。

中医心音胎教又称中医养生胎教，是胎儿时期的教育学说，胎儿在母腹中，既受母体外环境的影响，也受内环境的作用，母亲的情绪、思维作为信息传递给胎儿。在母腹中的胎儿并非与外部隔绝，他对内外环境的变化和刺激表现得十分敏感，成人听不到的极低或极高频率声音，胎儿在母腹中都能感觉到并作出反应。

（3）孙思邈胎教六项原则

药王孙思邈，归纳了胎教的六项原则：①谨慎起居：劳逸适度，起居有序，忌贪吃贪睡，忌负重物。②调节饮食：营养丰富，易于消化，忌辛辣生冷。③调理情志：静心节欲，心胸开阔，遇事乐观，忌闷闷不乐，心情败坏。④慎对寒温：注重胎前保养，忌风寒侵袭，以防感染疾病。⑤节制房事：房事有度，忌求一时之欢，导致伤胎。⑥戒酒避毒：酒能伤胎，宜戒；减少服药，慎灸穴位，避免流产。

（4）合理胎教，有益健康

孕妇通过欣赏音乐，可调节情绪，产生宁静、舒适的感觉，使胎儿也很快能安静下来。同时，声波还可直接通过母亲腹壁传导到胎儿的听觉系统，促进胎儿的智力发育。

音乐训练有助于开发人的右脑、增强人的创造力，对胎儿进行音乐胎教是一种直接培养孩子音乐素养、兴趣的好方法。

四、妈妈在右

生命因你而精彩

嗨！颢颢，生命因你而精彩！

我们终于有了自己的小宝贝！虽然，那时我们还没给他取名字！才40多天的小胚胎刚刚入住子宫，但我们夫妇的激动与喜悦真是无法用言语表达，尤其是快45岁的"老中医"许良，中年得子，那种兴奋与开心，怎一个"乐"字了得？

中医世家出身的他，性格温和谦虚，淡定从容，又深谙养生之道。他首先想到37岁的我应该请假休息，在家安胎保胎。因为，我当时是在一家媒体做记者，单位的电脑实在太多，而孕妇前三个月尽量远离电脑，远离辐射！怀孕前三个月是孩子大脑发育的黄金时期，并且，作为高龄准妈妈，前三个月更是非常关键的时期。

于是，在他的建议与朋友们的关心下，我请了一个半月假，在家休息，安胎保胎。我们搜集了很多中西医关于怀孕育儿及心理健康的书籍。

特别喜欢音乐的我，开始每天练古筝、古琴，修身养性，最爱的古筝曲是《高山流水》，最爱的古琴曲是《梅花三弄》，平时工作忙，没空练琴，现在怀孕休息了，有了充分的时间练琴，算是给肚子里的小宝宝做胎教吧！我们还去上海书城买了好些轻音乐CD和佛教梵乐，每天让美妙动听的天籁之音弥漫在房间里，像是轻轻柔和的风，吹拂在身上、心里，让自己保持轻松愉悦的好心情，这些对腹中的胎儿很有益处，胎教就真正开始啦！

幸运的是我的身体素质真的很好，这得感谢父母给了我良好的体质，再加上我后天的生活有规律，一直喜欢锻炼身体的我，精力充沛，身体棒棒。怀孕后，我在家安胎休息，状态一直很好，吃得下，睡得着，并没有出现所谓的妊娠反应。常常犯困倒是真的，总觉得想睡觉，哈！那就好好睡吧，以前没怀孕工作时，工作强度高、压力大，想睡觉是真没空，现在好了，终于有了可以好好睡觉的理由啦！

记得当时，"老中医"上班了，父母亲远在江苏老家，身体也不是很好，没法来照顾我。我这个人性格开朗，初中时就寄宿学校，早就学会了独立生活。一个人在家休息安胎，也是自得其乐。自己动手，丰衣足食，做些简单又清淡可口的饭菜犒劳肚子里的小宝宝。当然，我也参考了一些书上的孕前期的营养餐，学着做，少食多餐。

每天，我会喝些"老中医"用心煮的莲心薏米红枣汤，细心的他把汤水和莲心薏米红枣等分开来，一边是可口的安神汤，装在我平时最爱的漂亮壶里；一边是软糯的莲心薏米红枣粥，盛在刻有儿童嬉戏图的小碗里。他知道我以前有爱喝茶的习惯，现在"特殊时期"就以汤代茶了。一片冰心在玉壶，深情尽在点滴中。

心理学研究表明，准妈妈怀孕期间，小家庭如果和谐，婴儿会更健康。

饭后，我就听着音乐入梦，睡到自然醒后，下楼到小花园散散步，轻轻运动四肢，看云淡风轻，想腹中的小生命，充满甜蜜美好的期待。走走停停，再悠闲地坐在小花园的亭子里，看池塘里五颜六色的金鱼妈妈带着金鱼宝宝们"游泳比赛"，

> 原来，金鱼们的生活也很生动精彩。孩子是生命的延续，生命因 TA 而精彩！

孕中期

妊娠第 13—27 周末称为中期妊娠，也可称为孕中期，此时期营养不足可造成胎儿发育不良，因此营养指导及胎儿生长发育监测是孕中期保健重点。

一、爸爸在左

1. 孕中期中医调养重点

（1）第四个月 "始受水精以成血脉"

这个月是血液循环发展的重要时期。孕妇宜多吃壳类食物和鱼，以使胎儿盛血气以通耳目，而行经络。此时期也是胎儿器官机能发展成熟的阶段，孕妇要静形体和心志，饮食有所节制。

（2）第五个月 "始受火精以成其气"

这个月是胎儿累积元气的时期。孕妇可多吃米饭、麦类等食物，不可饿过头或吃太饱，不宜吃热性或易口渴的食物，也不要太劳累。

（3）第六个月 "始受金精以成其筋"

这个月是胎儿长肉的时期。孕妇可以在不疲劳的前提下多走动，促进胎儿肌肉发展。这时候胎儿的视觉和味觉系统已发育成熟，各种食物都可以尝试，让胎儿适应各种口味，避免未来偏食，但也不要暴饮暴食。

2. 孕中期"睡补"调养

因为孕酮的不断增加,孕中期的睡眠比前几个月都好很多。这段时期准妈妈可以有意识地做一些锻炼,不仅促进身心健康,还能帮助晚上睡得更好。

(1) 如何调整睡眠

1) 保证充足的睡眠。孕妇容易感到疲劳,所以睡眠时间建议比平时多1个小时,最低不能少于8个小时。每天午睡最好不要超过2小时,以免影响晚上的睡眠。

2) 养成有规律的睡眠习惯。晚上在同一时间入睡,早晨在同一时间起床。

3) 睡前忌做剧烈运动。泡脚、洗热水澡或喝一杯牛奶,有助于睡眠。

4) 睡前听一些舒缓的音乐,不仅放松心情,还可起到胎教的作用。

(2) 影响孕妇睡眠的因素

1) 饮用含咖啡因的饮料。汽水、咖啡、茶等饮品宜戒除,如果实在想喝,也请在早晨或午睡后少量饮用。临睡前不要喝过多的水或汤,但准妈妈又需要多喝水,所以就要自己控制饮水的时间了,早晨、午后可以多喝一点,晚饭前就要开始控制。

2) 起居无常。建议准妈妈养成良好的睡眠习惯,除了睡觉和劳累须休息时躺在床上以外,其余时间尽量不要留恋床铺。

3) 睡中抽筋。若发生这种情况请用力将脚蹬到墙上或下床站立片刻,这会有助于缓解抽筋症状。如果频频出现抽筋的现象,就是身体在提醒准妈妈需要补钙了,可向医生咨询如何科学补钙。鸡蛋、豆制品和牛奶也是安全的补钙食物。

4) 思虑过多。学习一些心情放松的办法。可用木梳轻轻梳头、看书、听音乐、看电视、阅读邮件等,放松心情躺在床上一边深呼吸,一边想一些美好的事情,也可以缓解紧张。

3. 孕中期"食补"调理

(1)孕中期食补原则

孕中期,也是体内胎儿生长发育对营养需要最关键的时候。除了补充多种维生素和叶酸外,孕妇还需要多摄入高蛋白营养食品,如牛奶、鸡蛋、鱼、虾、瘦猪肉、牛肉等。但并不是营养摄入越多,对胎儿的发育就越好,要营养均衡。

(2)简单食疗方

孕妇可根据自己的口味,进行调配。如:土豆烧牛肉、白瓜松子肉丁等美味营养佳肴就是不错的选择。

(3)喝豆浆防水肿

脚,被称为人体第二心脏,在怀孕后的负担可不轻,不仅要支持孕妈妈额外增加的10—14.5公斤重量,因为怀孕导致脊椎前弯、重心改变,也会使孕妈妈颈、肩、腰、背常常酸痛,脚更不堪重负,足底痛时有发生。这使得许多爱美的妈咪不胜烦恼,觉得自己走路不好看了,腿变粗了,脚也肿了。其实,在怀孕初期早做预防,是完全可以避免的。此时医生建议饮食清淡,坐着休息时把脚放高一点,淡豆浆当水喝,既营养又消肿。

二、"天心居"秘笈

1. 轻松应对孕中期睡眠问题

这个时期子宫增大得较迅速,当孕妇仰卧位时,增大的子宫就会压迫脊柱前的腹主动脉,导致胎盘血液流入减少,使胎儿由于缺氧、缺血,出现各种病症。此时最佳的睡姿是左侧卧位。当然,整个晚上只保持一个睡眠姿势是不太可能的,可以左右卧位交替。

准妈妈睡前不要思虑过多，尽量寻找能让自己安心入睡的方法，比如喝一杯热牛奶或听一曲美妙的音乐，只要是能帮助自己心情沉静下来的方法都可以尝试。

为了给孕妇创造一个良好的休息环境，选择床上用品应该考虑以下几点：

（1）床铺以木板床为宜，铺上较厚的棉絮，以免因床板过硬，缺乏对身体的缓冲力，导致转侧过频，多梦易醒。

（2）枕头以9厘米（平肩）高为宜。枕头过高易使颈部前屈而压迫颈动脉。颈动脉是大脑供血的通路，受阻时会使大脑血流量降低而引起脑缺氧。

2. 中医巧治孕中期便秘

孕期便秘是一件令人非常头疼的事情，但因为怀孕期间黄体素分泌增加，使胃肠道平滑肌松弛，蠕动减缓，导致大肠对水分的吸收增加，大便变硬而出现排便不畅。在怀孕后期，子宫日益增大，对直肠产生一种机械性压迫，也会引起便秘。这里推荐中医治疗便秘的方法，以供参考。

压穴法：排便前，用双手各一指压迫或揉摩迎香穴（鼻翼两侧的凹陷处）5—10分钟，可帮助排便；也可按压足三里穴（外膝眼下3寸处）数分钟。按揉穴位力度应以自我感觉到穴位处酸麻为宜。

食疗方

1）白术粥：生白术15—30克，研细，加入粳米100克，熬粥，晨起空腹食用。生白术可健脾、通便、安胎。

2）郁李仁粥：郁李仁10克，捣烂，水研后取汁，加入粳米100克，煮粥食用，食时加蜂蜜10克。

> ## 药物疗法
>
> 除了食疗外,还可以根据各自情况选用培土安胎中药调理。
>
> 淮山药30克、生白术15克、白茯苓15克、仙鹤草(脱力草)9克,每日1剂,煎服,餐后1小时服用,日服2次。

三、爱心加油站

1. 孕中期可做之事

孕中期是孕期三个阶段相对舒服的时期,可适当做以下几件事:

(1) 放松心情,注意营养,科学搭配饮食,进行饮食营养成分分析;

(2) 适当补钙,发现贫血及时治疗;

(3) 科学胎教,保持愉悦的心情及健康的心态;

(4) 保证充足的睡眠(8—9小时/天),适当进行身体锻炼;

(5) 适当有度的性生活;

(6) 做好乳房保健,用温水清洗乳头,如果乳头凹陷,应做牵拉;

(7) 接受孕期保健教育,听课、咨询或参加准妈妈各种各样的沙龙活动,愉悦身心。

2. 孕中期不宜和禁忌

孕中期虽然相较于另外两个阶段舒服,但也不是无所禁忌。有些孕妇因为孕吐或个人爱好而偏食或暴饮暴食,再或者食用、饮用一些辛辣食品、含许多添加剂的食品、含咖啡因的饮料等。为了自己和胎儿的健康,这些行为都尽量避免。

四、妈妈在右

健康准妈快乐多

　　日子过得飞快,转眼三月过去了!啊,现在是孕期第四个月,我已经进入怀孕期间最舒服的"安全期"了。平时就爱热闹、性格开朗的我在家里再也待不住了,盼望快点到单位去上班,并且,不用自己再动手做饭菜,食堂阿姨做的点心,我最爱吃了,几回梦里还吃着呢。单位里有很多好同事和朋友,大家一起上下班,开玩笑、聊聊天,多好呀!

　　于是,我兴高采烈地上班去了。回到单位真是开心,穿着漂亮的卡通防辐射服,感觉自己像又回到了快乐无忧的童年。

　　单位食堂里,那位白白胖胖的阿姨,笑眯眯地叫我"大肚皮"。中午吃饭时,她总是帮我多盛些饭菜,又眯起小小的眼睛说:"你俩人呢,多吃点,不要怕胖!"其实,我哪里会怕胖呀,为了肚子里小宝宝的健康与营养,加油吃!但因为我平时喜欢锻炼身体,所以身材很匀称,肌肉也很结实的,虽然孕前期体重增加了两三斤,但体型基本没啥变化。

　　吃完午饭,楼上的"大肚子"同事懒懒地回办公室睡觉去了,我劝她下楼走一圈,散散步消化消化,也有益于腹中的小宝宝。但她说走不动,不愿意散步,我只好一个人绕着静安寺走一圈。累了,我便去静安公园旁边的书店逛逛,翻翻书,看一会儿,再走回单位,来回大概三刻钟。结果,爱散步运动的我,临产前,体重增加28斤,却生了8斤3两的健康宝宝。我那不爱动的同事,体重增加了40多斤,孩子也只有6斤1两。

那时，除了每月一次的医院检查能证明我是孕妇外，从外表看来，真是没啥变化！记得那时，我穿了韩版的A字碎花裙，走在大街上，几次被做美容化妆品的"托们"拉住，让我去试用她们的化妆品，我说我是孕妇，不能试用化妆品，她们还不信！

上班后，我心情很好，丝毫没有觉得因为自己是孕妇而有什么不舒服。除了认真完成自己的工作任务外，我还积极地学习，准备秋天考编辑出版中级职称。据说，准妈妈乐观开朗、爱动脑子学习，肚子里的小宝宝也同样聪明活泼、爱动脑子。

当然，因为怀孕的缘故，领导安排我外出采访明显少了，改为做编辑整理的文字工作，实在要我亲自出场的采访，我的小同事就特意陪我一起去，她们生怕我摔着、碰着，关心我像关心自己的亲姐姐一样。真得感恩身边所有的同事和朋友们！

另外，整个孕中期，我还和许医生、朋友们外出旅游过好几次。怀孕四个月的时候，我们一行几个人，开车去了安徽的宣城、宁国，去买砚台、宣纸。因为孕前期在家安胎时，我每天练书法消磨时光，每天写一百个大字，宣纸早用完了，家里的报纸也都被我利用，到处写满了毛笔字！然后，我们又顺路去了绩溪。一路青山绿水，一路欢歌笑语，真是养眼养心。

记得在宁国的"外婆家"度假村，我第一次感受到了胎动，真是有趣极了，妙不可言！他爸爸说："宝宝也爱旅游呢！他开心了，就动了！"

第五个月的时候，小肚子已经渐渐隆起，终于显山露水了，那么，我们继续游山玩水吧。怀孕第五个月的时候，我们和朋友去江苏的天目湖，吃湖鲜，划小船，心旷神怡。

> 到了第六个月，肚子已经越来越大了，但我的步伐还是很轻盈，因为体重只增加了七八斤，精神抖擞，朋友们受了我的感染，也一起分享我的快乐。朋友再次邀请我们去浙江千岛湖，去爬"好运岛"。据说爬了"好运岛"，全家好运到！呵呵，不管什么理由，开心就好！
>
> 运动并"好孕"着，健康准妈快乐多！
>
> 现在回想起来，孕中期真是整个怀孕期间最开心安全的时光！生命在于运动，运动让你健康快乐，更让腹中的小生命从容不迫地健康生长着。

孕后期

孕后期是指从妊娠28周开始，直到分娩之前（约到40周）。进入孕后期后，由于胎儿生长迅速，所以胎动强度会逐渐减弱。但由于不少孕妇缺乏医学知识，以为胎动减弱是孩子出现了什么问题。这种想法使孕妇在无形中产生了焦虑，而这种情绪却对胎儿的发育极为不利。

孕后期，孕妇应该注意的是胎动次数，而不是胎动的强弱。因为在后期，孩子个头长大了，肢体只能弯曲，子宫没有多余的位置让胎儿在妈妈肚子里活动，所以，胎动减弱是正常现象。正常情况下，早、午、晚胎动的三次平均数为5—10次，少于5次就不正常了。

一、爸爸在左

1. 孕后期中医调养重点

进入孕后期，不少女性由于荷尔蒙的分泌变化，肛门附近的血管因松弛而充血扩张，再加上怀孕时增大的子宫压迫，下半身的血液回流不畅，肛门附近的静脉产生淤血，因此孕妇很容易出现长痔疮的症状。该阶段，向前隆起的肚子会造成背部和腰部负重，孕妇很容易发生腰酸背痛等情形。

（1）第七个月 "始受广精以成其骨"

胎儿骨骼长大的时期，孕妇要多做些摆动四肢和伸展躯体的动作，居住环境要避免燥热，饮食要避免性寒的食物，可多吃米饭，是谓"养骨而坚齿"。另外还要避免生气、号哭，衣着要注意保暖，不要吃冰的食品。

（2）第八个月 "始受土精以成肤革"

胎儿皮肤成形的时期，因此要常保持心平气和，不生气，饮食忌热，方能使胎儿皮肤健康有光泽。

（3）第九个月 "始受石精以成皮毛六腑百节"

此时胎儿各器官功能都已成熟，头发和手脚指甲快速生长，可适当吃甜食。

（4）第十个月 "五脏俱备，六腑齐通"

放松心情，万事皆备，俟时而生。

2. 孕后期睡眠的小技巧

休息不好会让孕妇很疲倦，影响以后的分娩和育儿，下面是一些争取更多睡眠的小技巧：

(1) 白天多找机会小憩片刻；

(2) 晚间早点上床睡觉；

(3) 如果腿部抽筋导致半夜惊醒，你可以试试睡前按摩；

(4) 如果消化不良或呼吸短促，导致无法入睡，试试用枕头微微抬高上半身的姿势；

(5) 如果因为不舒服而半夜醒来，就立刻变换睡姿，尤其是因子宫肌肉拉扯而造成骨盆疼痛，或子宫压迫骨盆神经引起不适时更应如此；

(6) 倾听放松身心的音乐，能使你进入梦乡。芭蕾和古典音乐都有缓慢升降的高潮和低潮，催眠作用很好；还可以试试听些单调重复播放大自然中声音的音乐，如小溪流水声，或是海浪拍打海岸的声音。

3. 孕后期简单食疗方

（1）大腹便便　科学饮食

孕后期，虽然已是大腹便便，但仍然要科学地饮食，这时应该控制体重，勿乱补。在妊娠最后3个月里，胎儿长得快，需要充足营养，所以此时孕妇的饮食原则是：不要偏食，甜、酸、苦、辣、咸诸味食品都可摄入，但不要过分，少吃多餐，选择易消化的食物；多吃水果和蔬菜，尤其是鱼、肉、蛋不可少。

在中国，怀孕后的妇女往往受到家人格外的关照，好吃好喝大进补等等，理由就是"一个人要吃两个人的饭"！其实，孕晚期无需大量进补，孕妇的过度肥胖和巨大儿的发生对母子双方健康都不利。孕妇在怀孕期的体重增加12公斤为正常，不要超过15公斤，孕后期体重以一个星期内不超过1公斤为宜，否则体重超标极易引起妊娠期综合征。

（2）孕后期水肿可食疗

孕后期，多数孕妇会脾虚，易出现水肿，及阴虚血热，胎热不安，严重时可能导致早产。该阶段孕妇衣着要宽松，不能坐浴，要行走摇身，心静不可发怒。怀孕期间，母体下半身的血管由于受到子宫的压迫而影响血液循环，尤其是双手、脚踝、小腿等部位，血液回流受阻，易产生水肿的症状。饮食应以清淡为主，少食多餐，但必须减少富含盐分、动物性脂肪及太多水分的食物。

缓解水肿食疗方

(1) 茯苓粉粥

原料：茯苓粉15克、稻米50克、红枣七枚（去核）。

做法：把上述食材煮成粥，晨起当早餐食用。

(2) 赤小豆粥

原料：赤小豆、粳米各100克，白糖100克。

赤小豆

做法：把以上食材煮成粥，可早晚餐食用。

以上两种食疗方均有利水消肿，健脾养肝，益气固肾的功效。适用于孕妇妊娠水肿、腿脚浮肿、肾炎等症状。

二、"天心居" 秘笈

1. 孕后期特别关注

孕后期"天心居"七字诀：散步、舒心、保胎生。

温馨提示：

(1) 不熬夜：不可挑灯夜战。如果你是做文字工作的职业女性,有晚间看资料、写文章的习惯,到了孕晚期也不可再坚持了,一是影响睡眠,二是久坐会使腿脚肿胀,增加不适感。

(2) 不剧烈运动:晚间的活动应以散步为主,可做少量的家务,不要再到处串门、过量运动等,过度劳累也会影响睡眠。

(3) 睡前忌过量饮食:首先要确定睡眠时间,才可控制睡前的进食量。睡前2小时内忌过量饮食,尤其不要食用有刺激性的东西,以免造成大脑兴奋,难以入睡。

(4) 临睡前不看手机等电子产品:可有选择地看影视剧或书刊等,尽量不引起情绪上的波动,才能安静地入眠。

(5) 不讨论令人担忧或心烦的话题:孕晚期的准妈妈会普遍出现畏惧分娩的心理,过分担忧常常影响睡眠。也有夫妻之间的矛盾、与家中老人的不和等造成的心烦,要尽量避免有冲突的话题。

准妈妈要真正做到:散步、舒心、保胎。

2. 保产无忧方

保产无忧散,安胎、催生,善治一切胎产症,有"十三太保"方之称。其组成与剂量:当归4.5克、白芍4.5克、厚朴2.1克、川贝母3克、黄芪2.4克、荆芥穗2.4克、菟丝子4.2克、枳壳1.8克、川芎3.9克、羌活1.5克、甘草1.5克、生姜3片。本方原为散剂,但临床多作汤剂使用。

中医临床记载本方:"有胎即能安胎,临产即能催生。怀孕者,不拘月数,偶伤胎气,腰酸腹痛,一服即安。见红欲小产者,一服即下,甚至横生逆养,六七日不下,婴儿死于腹中,命在须臾者,一服即下。""怀孕者七个月起,七月服一剂,八月服二剂,九月服三剂,十月亦服三剂。"

综上所述，保产无忧散的功效，一是安胎，二是催生，三是转胎。安胎是本方的功用之一，方中有黄芪、菟丝子、白芍等安胎药，也有厚朴、川芎、枳壳之性味辛窜行下之品，加之荆芥、羌活、生姜辛温发散。

本方若用于冲任不固、气血双亏，及血热所致之胎动不安，均未必适宜。若有习惯性流产病史者应慎用。因此，保产无忧散主要功用在于转胎和催生。据妇产科临床报道，此方用于矫正胎位，成功率达百分之八十以上。动物实验本方对胎儿有兴奋作用，可促进胎儿活动性。孕妇服本方后，胎动增强，自行回转头位，却无宫缩增强现象。

友情提示：

黄芪、当归有益气养血活血之效，常用于调和女子气血。

黄芪

当归

特别提醒：

中医治疗胎动不安，必须辨证施治。孕妇体质有阴阳盛衰之不同，虚实寒热之差异，气虚肾亏之特征。故临证用药，应详审病情，仔细辨证，因病立法，对证处方，保产无忧散并非胎产通用之方。

三、爱心加油站

1."大腹便便"的准妈妈

孕后期的准妈妈，整天挺着大肚子，子宫极度膨胀，各器官、系统的负担也接近高峰，因而，准妈妈心理上的压力也更大。

因为体型变化和运动不便，准妈妈心理上产生了一些变化，有许多准妈妈会产生一种兴奋与紧张的矛盾心理，从而导致情绪不稳定、精神压抑等心理问题，甚至会因心理作用而自感全身无力，即使一切情况正常，也不愿活动。越是临近预产期，准妈妈对分娩的恐惧、焦虑或不安全感越重，担心发生临产先兆时来不及到医院，这也是人之常情。

因此，孕后期心理保健就很重要，应注意以下问题：

（1）**了解分娩原理**

克服分娩恐惧，最好的办法是让准妈妈自己了解分娩的全过程以及可能出现的情况，对孕妈妈进行分娩前的有关训练，可有效地减轻心理压力，解除思想负担以及做好孕期保健。

（2）**入院**

临产时在医院，是最保险的办法。可是，提早入院等待也不一定就好，有时反而会增加紧迫感和心理压力。准妈妈应稳定情绪，保持心态的平和，安心等待分娩时刻的到来。

（3）**做好分娩准备**

分娩的准备包括孕后期的健康检查、心理上的准备和物质上的准备。一切准备的目的都是为了母婴平安。

（4）**正视分娩，减少恐惧**

把对分娩的恐惧转移到别的方面，所谓"船到桥头自然直"，凡事都会有办法应对。保持乐观的心情，不要把分娩当作一件严重的事情来考虑，这样做可以暂时转移对恐惧的注意。

2. 脆弱的"三高"准妈妈

（1）家人关心支持很重要

怀孕女性，尤其是"三高"准妈妈，常常感到自己很脆弱，易受到周遭环境的影响而心情起伏不定，也许只是读了一篇文章、听了一首歌、看到了某一景象，或者是看了一场电影，就会表现出完全不同于以往的喜怒哀乐。除了激素的作用外，这种变化还与腹中孕育着新生命的焦虑、担忧有关。这时，家人的支持变得很重要。

（2）保持平常心，迎接新生命

面对一个即将降临的新生命，准妈妈难免会有许多担心，其实，只要定期做产检，这些担心都是多余的。准妈妈在怀孕期间无法放松心情，承受压力过大，对自己、胎儿都会有不良影响。假如孕期心情实在无法平静，可以找专业心理医师寻求帮助，以缓解因心情低落所造成的身体不适。

3. 有备无患的准妈妈

（1）联系好住院事宜

近些年，二胎政策放开后，城市和乡村似乎都有可能迎来生育高峰，为了避免医院的妇产科床位紧张，家长最好提前联系好住院事宜，有备无患。

（2）按时做产前检查

到了孕晚期，体检的次数就更频繁了，一定要坚持按时去体检，关注每一次检查的结果，以便及时发现异常，及时想办法解决。

（3）准备好待产包

待产包是产妇为生产住院及坐月子而准备的各类物品的总称，包括妈妈用品、宝宝用品及入院重要物品。常见的妈妈用品如洗漱用品、纸巾、吸奶器、防溢乳垫、束腹带、外套、出院衣服等；宝宝用品如新生儿和尚服、抱被、纸尿裤、奶瓶、奶嘴、奶粉、洗浴用品、床上用品等；入院重要物品如医保卡、身份证、户口本、银行卡等必要证件，如果家人有心，还可带上笔记本或照相机以便记录某些重要的时刻。

（4）请家人配合经常按摩身体

孕后期，准妈妈不适感加重，腰酸背痛，下肢水肿。按摩可以刺激身体皮肤内的神经末梢，增加血液循环，缓解肌肉疲劳。

四、妈妈在右

船到桥头自然直

孕中期在愉快的运动旅游中很快度过了，接下来是"大腹便便"的孕后期了。

不过，我并没有变成臃肿难看的"大肚婆"，肚子的确是一天天变大，但我的身材依然保持得较好，现在回看当时大肚子的艺术照，真像一个倒写的大大的问号"？"，并且，这个问号有点艺术美，给我们夫妻很多关于宝宝的美好想象！

记得，当时去上海的红房子医院检查，妇产科的张医生很和蔼耐心，她的皮肤白白嫩嫩的，脸圆圆的，并且，总是微笑着，或许是天天接触刚出生的婴儿的缘故吧。婴儿大多是白白嫩嫩的，天天看着可爱的小宝宝们，大概养颜养心吧，从外表上看，根本看不出她已经40出头了，而她自己的孩子也快8岁了。

孕后期，我心理上还是有些紧张焦虑的，好像越来越脆弱，经不起一点风吹雨打似的。毕竟自己是38岁的高龄产妇，在报纸、杂志、书及电视、网络上看到的关于高龄妊娠的种种不适与危险，还有身边很多高龄产妇早产、难产等的实例，我心里很不安，外出旅游已经放弃了，还是乖乖地上下班，或者老实地待在家里休息。因为高龄妊娠可能发生很多意想不到的事情。

孕后期，胎动已经很明显了。有时，肚子稍微有些不舒服，我就会胡思乱想，会不会早产呀？肚子里那么小的空间，宝宝会闷坏吗？"日有所思，夜有所梦"，有几次晚上做梦，竟然梦见自己早产了，一身汗、一脸泪，着实吓了一大跳！

但到了医院，看到微笑的张医生，紧张的情绪就好了许多。她总是微笑着安慰我，并且说，我的孕后期状态非常好，身体各项指标都很正常，让我继续保持愉快的好心情，注意控制体重，适量运动，少吃面食和肉类，多吃鱼虾和蔬菜等，以便考虑顺产。

听了她的话，我心理上就轻松多了，再想想人类生儿育女已经有几千年的历史，自己犯得着那么紧张焦虑吗？我妈也安慰我说，老妈生了我们兄妹仨，后来又小产过三次，身体还是好好的，千万不要太娇气了，现在的年轻人就是太娇气了！有老妈做榜样，我的底气更足了。

九个月时，也就是临产前一个月，以前每月一次的产检变成了每周一次，看着自己的"大肚子"，再看看其他临产检查的"大肚婆"们焦虑紧张的神情，不知怎么了，我像是受了感染，前两个月调整好的心情又紧张了起来。

记得当时，我遇见过一位经常来医院产检的36岁的高龄产妇，她的预产期还有二十多天，本来是家人陪着来做正常产检的，正检查着，突然间她就阵痛起来，"啊啊！"地哭叫着，被紧急送进了产房，弄得家人措手不及！

她那痛苦的表情，我铭刻在心，一辈子都忘不了！记得那天是2009年的10月19号（到10月21号我就38岁了，所以记得特别清楚），天气很凉快了，我在旁边看着，吓出了一身冷汗。心里在想，天哪，我比她还大两岁，预产期还有一个月，又会遇见什么紧急情况呢？

拿着最新的产检报告，我忐忑不安地到了张医生诊室，我说了刚才的所见与自己的感受，张医生笑了，温柔地说："没事的，放松，船到桥头自然直，每个人的情况都不一样，那位产妇是因为最近搬家，累着了，所以早产。你现在的情况很稳定，不过，宝宝的双顶径已经100了，头偏大，而你的骨盆窄，顺产可能困难些，还是考虑剖宫产吧。"

原来如此！"船到桥头自然直"，老话简单，却很有哲理。"兵来将挡，水来土掩"，事到其间，道在人为。不管这肚子出现什么情况，总有相应的对付方法，根据具体情况采取相应对策。

发扬阿Q精神，反正已经快"船到桥头"，总归会"自然直"的，横竖宝宝要生出来的呀！这样一想，我的心又放下了，深呼吸，放松再放松，我还是回去好好想想，究竟选择顺产还是剖宫产吧。

二部曲

分娩：痛并快乐着

分娩，是指幼体自母体中作为新的个体诞生；这里特指胎儿脱离母体作为独自存在的个体的这段时期和过程。妊娠满28周至不满37足周间分娩称早产；妊娠满37周至不满42足周间分娩的称足月产。妊娠满42周及其后分娩的称过期产。

分娩的全过程共分为三期，也称为三个产程。第一产程，即宫口扩张期。第二产程，即胎儿娩出期。第三产程，胎盘娩出期，指胎儿娩出后胎盘排出的过程。面对一个即将降临的新生命，准妈妈难免会有许多担心，此时尽量保持平常心，定期做产检，为迎接新生命做好准备。

第一章

分娩——痛并快乐着

一、爸爸在左

临产前后,待产妇不宜食油腻食品,宜食补益肝肾之品。

1. 注意临产食补调养

由于种种原因,好多待产妇在临产时就不肯进食,只愿喝点桂圆汤、参汤。这样节食是不可取的。需知整个分娩过程长达十余小时,将耗费大量体力与热能,正像进行剧烈运动那样。因此,待产妇必须尽量吃些易消化、易吸收的食物以补充营养,多饮汤水以补充水分。否则,体力会下降,导致产程延长,顺产有可能因子宫收缩乏力而变成难产。

2. 分娩前食谱二则

分娩对女性来说,是一件人生大事,如果在分娩前,家人在饮食上做一些准备,分娩时以至月子里都会给产妇带来很多益处,这里为大家推荐两则不错的食谱,制作方法可根据个人的口味调整。

> **食谱**
>
> **(1) 明目养肝汤**
>
> **原料：** 枸杞15克、红枣7颗。
>
> **做法：** 每天取枸杞15克、红枣7颗洗净，然后用280毫升热开水浸泡8个小时以上，接着再加盖隔水蒸半小时即可。不论顺产或剖宫产，需在产前15天开始喝，每天喝280毫升，冷热皆可，一日分2—3次喝完。
>
> **(2) 山药莲藕排骨汤**
>
> **原料：** 山药、莲藕、排骨适量。
>
> **做法：** 分别洗净后，将所有食材放进锅里，加适量的水及少许盐，开大火煮沸后，改用小火炖至熟烂即可食用。
>
> **功效：** 此汤可以帮助改善体质，增加体力。

二、"天心居"秘笈

1. 分娩期动静结合

（1）行动与休息

如果胎膜未破，宫缩不强，待产妇可以起床走动。下床活动可促进子宫收缩。倘若胎膜已破，则必须卧床休息，不能起床，否则很有可能引起脐带脱垂而危及胎儿生命。虽然很难入眠，为了保存体力，在宫缩间隙要抓紧时间休息，闭目养神最好。

（2）在阵痛中入睡

在阵痛中能够入睡吗？这几乎难以想象，但是有1/5的女性在阵痛的间隙还是做到了这一点。缓解疼痛的药物也能起到促进睡眠的作用。在阵痛中，待产妇不必忍受所有的疼痛，可以接受一些缓解疼痛的药物或物理疗法，从而让自己感觉好一些。

2. 意象转移法助睡眠

呼吸、放松和活动对顺利地度过阵痛有帮助。例如，在子宫张开的阶段，可以让待产妇坐在健身球上，身体向后弯曲，使呼吸变得顺畅，助产士或准爸爸坐在后面扶着。这个练习非常简单易行，产妇不需要预先学习，就可以在分娩中运用它。而且这个练习不仅对缓解疼痛有益处，也能帮助宝宝加速向下"降"入骨盆。

三、爱心加油站

众所周知，分娩方式可分为顺产、剖宫产、水中分娩，国外还有各种无痛分娩等，而临产前情绪调整非常重要。

分娩时一定要学会放松，精神状态影响产程进展。紧张、焦虑和恐惧常使子宫收缩不协调或宫颈口迟迟不扩张，产程因而延长。所以，临产前待产妇尽量稳定情绪，保持精神愉快，多想想即将出生的小宝贝。宫缩时切忌烦躁不宁、呻吟喊叫，以至于额外消耗精力。

有些孕妇分娩前之所以较紧张是因为怕疼，担心出现不测。其实，在医院分娩，医疗条件较好，应付各种突发状况的措施得力，所以不必担心。分娩时因子宫收缩而引起的阵痛有利于胎儿出生，也不必紧张。分娩前的紧张可引起分娩时血压升高。克服分娩前紧张心理，家庭成员尤其要做到遇事不慌，尽量多安慰、鼓励待产妇。

1. 准妈妈心身两大转变

（1）心情既紧张又兴奋

一般准妈妈们怀孕 8 个月的时候，就会觉得生产的日子近了，到 9 个月时，就要开始着手准备迎接宝宝的来临了。这个时候，准妈妈的心情也会随之转变，既忐忑不安又紧张兴奋。

（2）生理变化很明显

因为这段时间宝宝的发育已完整，而准妈妈在怀孕 9 个月时子宫的位置会升到肚脐上方，觉得胸部、腹部都充满压迫感。临产前，准妈妈会有一种宝宝快要出来的感觉，宝宝大概降到骨盆的位置时，胸部和腹部的压力都会减少。此时，孕妇要特别注意身体的变化，有规律阵痛、出血或羊水破裂的现象，就要赶快就医了。

2. 准妈妈分娩前的忌讳

对于初次分娩的产妇，由于没有经验，所以都会不自觉地产生紧张、焦虑等情绪。准妈妈们在生产之前有六忌：过度紧张、焦虑性急、粗心大意、疲倦劳累、忧愁苦闷、忽视孕期保健。

3. 吃颗快乐"定心丸"

放松再放松，学会给自己吃一粒"定心丸"！临产前，很多准妈妈在咨询过来人的分娩经验后，记下来的往往多是一些负面感觉，担心自己也会遇上相同的情况。实际上每个人的分娩经验都不同，现代的医疗技术和生产环境也可对分娩提供很周全的服务，因此准妈妈只需要多给自己信心即可，不要给自己增加不必要的压力。

四、妈妈在右

痛并快乐着

某天，去医院看一位"80后"的朋友，她离预产期还有一周，这两天感觉有些阵痛，就被家人紧急送进了医院，但到了医院，一切又正常了！她在网上看了很多临产前可能出现的紧急情况，心里实在有些紧张，不肯回家了，提前三天在医院候着，等着预约好的医生剖宫产呢！

我们去看她时，30岁的她正在玩电脑游戏，平时娇小玲珑的她，现在挺了个大肚子，样子有些滑稽可爱，但精神状态还好。其实，她的年龄和怀孕情况，完全可以考虑顺产，产科医生也鼓励过她，但她执意不肯，说她好些同学朋友都是剖宫产（据统计，目前"80后"的孕妇生孩子，有80%左右的女性选择了剖宫产），并且，举出很多顺产不利的负面例子。老公比她大两岁，在旁边听着，也有些紧张。我们觉得劝说没什么用，就劝她好好休息，不要再胡思乱想了，那就等着剖吧！

回家后，想想我2009年11月18号生颢颢的那天，心情也是很复杂，时光倒流，回忆当时的感受，真是痛并快乐着！

我的预产期是2009年11月28号，但在11月初去产检的时候，检查结果一切正常，我的体重增加了近30斤，但医生说宝宝已经快8斤了，并且头很大，双顶径已经快100了，我又是38岁的高龄产妇，骨盆太窄，根本没法顺产，只好选择剖宫产了。医生还说，最好提前一周左右剖宫产，因为如果足月的话，宝宝会更大，估计要9斤，那样，妈妈会负担更重。定好了分娩方式，我的心也真定下来很多，选个好日子，请宝宝提前出生吧，爸爸妈妈期待很久了！

我们提前一天住进了医院，也就是11月17日下午进院，办了住院手续，又做了最后的常规检查，一切顺利，就等第二天手术了。但护士关照我，17号晚10点以后就不能再进食。

我当时住的两个人的房间，另外一个孕妇小顾比我小四岁，大概有一米七左右，又瘦又高，临产了，但肚子不是很大。

因为她有早产迹象，已经住在医院保胎一个多月了，她定的是18号上午剖宫产，情绪不是很稳定。

17号晚，我们聊了一会儿，我劝她放松些，现在的医术很发达，我们尽可放宽心。她淡淡地回应了几句，就早早睡了。我的情绪似乎受了感染，心里又有些忐忑，老公劝我好好睡觉，别多想。可是，在医院，一夜迷迷糊糊的，总是听到婴儿的哭闹声，我一会儿摸摸肚子，一会儿翻翻身，根本睡不踏实。

18号早晨，迷迷糊糊中我被护士叫醒了，测胎动、量体温，做下体清洁等，老公匆忙吃了几口早饭，叮嘱了几句，上班去了。因为我是下午剖宫产，不能再吃东西，饿得肚子"咕咕"叫，大概肚子里的宝宝也饿了吧！接下来就是百无聊赖地等待，我在病床上实在无聊，就跑到淋浴房冲了一下。

刚从淋浴房出来，回到病房，我正好看见同室的小顾被大家簇拥着推了进来，她苍白着脸、头发汗津津地贴在额头上，皱着眉、闭着眼，她旁边的小床上，放着一个包裹起来的小婴儿，脸上好像有道红印子。我心里拧了一下，轻声问旁边认识的护士，护士小声说："剖宫产时，用了产钳，不小心碰了孩子的脸，以后会慢慢褪掉的。"

剖宫产还要再用产钳呀?！我的心又拧了一下，唉，不去想那么多了，越想越可怕，慢慢等吧。在病房陪我的朋友，孩子已经12岁了，一直在旁边安慰我，我还收到几个朋友的问候安慰短信，心情又放松多了。

等待，继续等待！时刻准备着！痛并快乐着！

孩子，你好！

等到下午将近一点，护士拿来了反穿衣，让我换上，并且不准穿任何衣服、戴任何项链首饰等。我要求戴上眼镜，护士默许了。男护工推来了推床，说要到手术室排队，朋友把我扶上了推床，老公回家取东西堵车，还在路上。

那种感觉，紧张得真像是上刑场，不管三七二十一，横竖是要上的！好在军人家庭出身的我，心理素质一直很好，总会发扬阿Q精神。戴上眼镜，好好看清楚剖宫产的全程，以后好帮助大家！

时间一分一秒地过去，慢得像是蜗牛在爬！手术室门外排了七八个待产的"大肚婆"，看她们的表情，都挺紧张的。我躺在手术室的推床上，又冷又饿，心想，来碗热汤多好呀，饿了快一天一夜，肚子里的小宝宝也不耐烦了，一会儿移动到左边，一会儿又移到右边。只看见穿着白衣的医生和护士跑来跑去的，这等待的时刻真是难捱呀！

终于，快一点半的时候，叫到我的名字了，护士对号入座，把我推进了手术室。我又被扶上了亮得眼睛都睁不开的手术台上，麻醉师问身高、体重，然后就看见他在我腰椎上打麻醉药，两分钟不到的样子，就感觉到下半身已经不属于自己了，完全失去了知觉，任凭医生护士搬来移去：清洗消毒、用笔在肚皮上画剖宫产的准确位置等。

之前，经朋友介绍认识了"红房子三把刀"之一的夏医生，她高高的个子，清爽的短发，体格很健壮，干净利落的样子，她微笑着对我说："放松放松，没事的，第一胎吧？"我戴上眼镜，点点头，勉强笑了笑，没头没脑地问了句："快吗？"她回答："很快的，一刻钟左右，别紧张！"

在无影灯的照射下，因为躺着，大肚子又挺着，我看不清楚医生和护士的具体动作，心里也挺怕的，根本不敢看什么。只感觉到下腹部被飞快地划了一刀，然后就像切洋葱一样，小腹部被一层层地切开！然后，就听到夏医生叫她的男助产士："快快快，堵住这根大血管！胎位很高，孩子还在里面！"然后，听到男助产士说："啊，怎么这么粗的大血管！"然后，就听到夏医生命令我："深呼吸，深呼吸，一二三，一二三！"

不知道过了几分钟，只感觉到我的心快跳到嗓子眼了，深呼吸？怎么吸呀？气都快透不过来了，感觉胸口憋得慌，没法深呼吸！仍听见耳边夏医生在叫："快快快，压肚子，深呼吸，一二三！"根本搞不清她在命令谁，我只觉得一口气喘不过来！"哇！"突然，我听见了孩子响亮的哭声，谁的孩子？我的吗？简直不敢相信自己的耳朵！

这时，护士拎着一个红棕色、肉乎乎的小东西对着我说："出来啦，看看清楚，小弟弟哦！"啊！我的宝宝吗？眼泪终于像决堤的洪水，涌了出来！感觉浑身也颤抖了起来！

然后，又听见护士说："检查结果，男婴，13点56分出生，一切正常，身高50厘米，体重8斤3两！"夏医生补充道："妈妈放心吧，健康宝宝，大块头哦！"啊！38岁的我生了8斤3两的健康男宝宝！人生，真神奇！

手术顺利结束，医生在忙着为我缝上打开的肚皮，因为麻醉药的缘故，还感觉不到很大的疼痛，倒是上半身因为躺久了的缘故，感到一阵阵酸疼。

远远地，就看见我那红棕色、肉乎乎的小东西被放在一张小床上，一边"哇哇"地哭着，一边努力地向妈妈的方向张望着，他难道也在找妈妈吗？孩子，你饿了吧？等待了这么久，妈妈终于盼到你啦！一种温柔的母性感觉弥漫在心田，一股热流涌上了我的心间，眼泪不知不觉又流了下来……

手术室外，他爸还在焦急地等待，请护士出去报母子平安的喜讯。估计，46岁中年得子的他，正激动得热泪盈眶吧！

孩子，你好！感谢你的到来！

第二章

产褥期——不能承受的生命之轻

> 产褥期,就是大家俗称的"月子",是指产妇各系统恢复时期。妊娠期间,孕妇全身各系统尤其是生殖系统,随着妊娠的进展发生着巨大的变化。产后,身体各个器官、系统(除乳腺外)的形态和功能逐步恢复至妊娠前状态。产褥期,通常指胎盘娩出后的6周。同时,一些潜在的病症可在产褥期激变,产妇及其家人的不当应对处理也可能引起不良后果。所以,健康顺利地度过产褥期,会对产妇日后的生活产生积极的影响。

一、爸爸在左

1. 老方新法相结合

(1) 休息静养,劳逸适度

产妇产后充分休息静养,有助于生理功能的恢复。产妇的休息环境必须清洁安静,室内要温暖舒适、空气流通。产后24小时尽量卧床休息，以减轻分娩时的疲劳及盆底肌肉的张力，不宜早操劳负重，避免发生产后血崩、阴挺下脱等症状。睡眠要充足，要经常变换卧位，不宜长期仰卧，以免子宫后倾。然而，静养绝非完全卧床，除难产或剖宫产外，一般顺产可在产后24小时起床活动，并且逐渐增加活动范围，以促进恶露畅流、子宫复原，恢复肠蠕动，令二便通畅，有利于身体康复。

（2）增加营养，饮食有节

产妇分娩时，元气耗损，产后又需哺乳，因此应加强营养。然而，增加营养必须注意不碍胃、不留瘀血。当忌食油腻和生冷瓜果，以防损伤脾胃和导致恶露留滞不下，也不宜吃辛辣伤津之食，预防大便困难和恶露过多。产妇的饮食宜清淡可口，易于消化吸收，又富有营养及足够的热量和水分。产后1—3天可食用小米粥、软饭、炖蛋和瘦肉汤等。此后，凡蛋、奶、肉、骨头汤、豆制品、粗粮、蔬菜均可食用，但需精心细做，水果可放在热水内温热后再吃。饮食宜少量多餐，每日可进餐4—5次，不可过饥过饱。

（3）讲究卫生，保持清洁

产褥期因有恶露排出，产妇汗液较多，且血室正开，易感邪毒，故宜经常擦浴淋浴，更需特别注意外阴清洁，预防感染。每晚宜用温开水洗涤外阴，勤换会阴垫。如有伤口，应使用消毒敷料，亦可用药液熏洗，以利于消肿止痛。内衣裤要常洗晒，产后百日之内严禁房事。产后四周内不能盆浴，以防邪毒入侵引发其他疾病，不利于子宫恢复。

2. "月子"里的中医保养

产褥期，我们通常说的"坐月子"，指的是从分娩到身体复原这段时间，通常为6—8周。

（1）保暖

产后不要直接吹风，但必要的空气流通是需要的。只是要挂上窗帘，不要让风直接吹到产妇身上。产后的身体处于一种舒张的状态，这时候吹风或受凉很容易令风邪内进而致病。产后子宫及身体复原需要很长时间，产妇要注意保暖，开空调也注意不要太冷，不宜过早洗澡、洗头，但当产妇身体恢复得差不多的时候可以洗澡洗头，注意用热一点的水，洗完头后马上用干毛巾擦干，用姜皮煲水洗澡也是很好的方法。还要注意不能空腹洗澡，饮食上忌吃生冷。

（2）进补

产后身体虚弱需要进补，但又不能过分补。过分进补对产妇及母乳喂养的宝宝都有不利影响。此时大补一方面不容易取得效果，会引起别的病症；另一方面，在身体还没有完全排尽"瘀血"时，服用补品会令毒邪内闭，即人们所说的"闭门留寇"。

产妇的营养关系到两个人的营养和健康。可是如果调补不得当，不仅自己身体各器官不能很好地恢复，落下月子病，乳汁也无法正常分泌。如果补得太多，营养过剩，不但造成产后持续发胖，还会带来其他健康问题。最好根据产妇分娩时身体的具体情况，结合孕前的身体体质和调整能力，为新手妈妈制定适合其个人的、营养合理的月子调补30—40天的方案。此方案既有质的要求，也有量的概念，使新妈妈的身体得以快速恢复，在保持健康安全的同时，也确保宝宝有乳汁喂养。

3. 产后腰痛中医食疗方

（1）剖宫产后饮食必读

剖宫产的产妇对营养的要求比正常分娩的产妇更高。手术中所需要的麻醉、开腹等治疗手段，对身体本身就是一次"伤害"，因此，剖宫产的产妇产后恢复会比正常分娩者慢些。剖宫产后因有伤口，同时产后腹内压突然减轻,腹肌松弛,肠子蠕动缓慢,易有便秘倾向,所以,剖宫产后饮食的安排与顺产应有差别,产后6小时后宜服用一些流质的排气类食物(如萝卜汤等),以增强肠蠕动,促进排气,减少腹胀,并使大小便通畅。

排气是产妇可以进食的信号,当产妇排气后,饮食可由流质改为半流质,食物宜富有营养且易消化,如蛋汤、烂粥、面条等,然后依产妇体质,饮食再逐渐恢复正常。

(2)剖宫产后饮食禁忌

① 尽量不吃反季节的蔬菜水果,因为反季节的蔬果营养含量比当季的要差一些,另外也要避免因反季节的蔬果含有催熟剂等东西,经由哺乳影响宝宝健康。

② 哺乳的妈妈要注意,韭菜、麦芽(包括含麦芽的食物)、巧克力等食物有回奶的作用,最好不要吃。易使宝宝过敏的食物,如橙子、洋葱等,也会引起宝宝拉肚子、胀气,尽量少吃。

③ 坐月子期间,产妇尽量控制盐的摄入,如咸菜、梅干菜等腌制类的东西,以免出现产后水肿。

(3)产后腰痛的中医食疗方

食疗方

a. 瘀血留滞型腰痛

当归黄芪粥

原料: 当归10克、川芎10克、黄芪15克、干姜6克、生山楂30克、红糖适量、粳米100克、大枣4枚、桃仁15克。

做法: 将当归、川芎、黄芪、干姜、生山楂放入沙锅,加适量水，浓煎40分钟，去渣取汁，加入红糖适量备用。再将粳米、大枣、桃仁一起放入沙锅，加水用小火煨煮成稠粥，然后兑进前面的浓煎药汁，拌匀，继续煮到开锅即成。分早晚两次服用。

b. 肾虚血亏型腰痛

杜仲羊肉汤

原料：杜仲15克、肉苁蓉30克、枸杞子15克、党参20克、当归20克、生姜15克、羊肉250克。

做法：将杜仲、肉苁蓉、枸杞子、党参、当归、生姜（切片）、羊肉（切成小块）一起放入沙锅，加水炖至羊肉熟透后吃肉喝汤。

c. 寒湿痹阻型腰痛

肉桂山药栗子粥

原料：肉桂10克、干姜10克、白术20克、甘草6克、山药30克、茯苓15克、去壳栗子50克、糯米50克。

做法：将肉桂、干姜、白术、甘草放入沙锅加水泡透，先煎30分钟倒出药汁，加水再煎20分钟后将药汁倒出，两次药汁合在一起放在沙锅内，再放入山药、茯苓、去壳栗子、糯米，用文火炖烂成粥。不拘时喝，晚上睡觉前趁热喝一碗效果更好。

另外，葱炒猪腰花片或猪腰花汤，也是防治腰痛很美味的选择。

二、"天心居"秘笈

1. 产后催乳食疗方

产后母乳不足，是令许多新手妈妈烦恼不已的事。哺乳这种自然的过程既是向新生儿输送营养的过程，又是传递情感的理想方式。母体乳房分泌的"初乳"，是一种水样的黄色物质，它含有丰富的抗体和营养物质，对婴儿的健康极其重要，应尽早给婴儿喂奶。母体内产生乳汁，孩子生下来就会吮吸，这都是自然的本能。按需哺乳，妈妈健康自信，宝宝肯定可以吃好吃饱。

在这里给大家推荐"生化汤"与"月子水"。

"生化汤"是一张传统方，化瘀生新，温经止痛。主治产后瘀血腹痛，恶露不通，小腹冷痛，脉迟细或弦。子月堂生化汤，中医方剂名。为理血剂，具有养血祛瘀，温经止痛之功效。主治血虚寒凝，瘀血阻滞，产后恶露不行，小腹冷痛。临床常用于治疗产后子宫复旧不良、产后宫缩疼痛、胎盘残留等产后血虚寒凝，瘀血内阻者。

所谓"月子水"，也称"坐月子水"，就是蒸发出酒精的米酒水，是用高品质米酒1瓶高温煮成2/3瓶，酒精完全挥发即制成"月子水"，专供产妇在坐月子期间服用。传统医学认为，产妇在生孩子时气血大耗，阳液劳损，喝一些不含酒精成分的米酒可以补血行气，促进血脉流通，调养周身气血，避免产后身体气血两虚，出现头晕、乏力、眼花、出虚汗及恶露不下或下之甚少等不适。产后喝不含酒精成分的米酒可以帮助产妇避风寒，既可预防产后关节疼痛，又能够通经活血，温补脾胃，促进乳汁分泌。

产后内分泌功能正处于"动荡"和重新"组合"的时期，脏器也在恢复中，所以中国传统重视坐月子期间的护理是有理论依据的。但"滴水不进，粒盐不沾"的观点并不正确，只能喝"月子水"的说法更是无据可循。"月子水"号称分子"较小"，其实它和普通饮用水的水分子并无区别,只是溶质不同,说它有快速重塑体型的功效实属夸张。

催乳良方

原料:老母鸡1000克、枸杞子15克、王不留行9克、黑木耳30克,另盐、酒、葱、姜适量。

做法:煎汤煮熟,产妇以喝其汤为主。

功效:补益肝肾,通经排乳。

2. 哺乳期补血食疗方

分娩时,产妇流失了大量的血液,要在坐月子期间适当地补回来,下面给产妇推荐2道食谱,让新手妈妈在坐月子期间既能够补血,又能起到催乳的作用。

食疗方

(1) 黑糯米酒红糖煮鸡蛋

原料:黑糯米酒2匙、鸡蛋1颗、红糖适量。

做法:将黑糯米酒放入煲里,加清水1碗,煮滚后10分钟将鸡蛋打破去壳,放入煲里,再加入红糖,煮至糖溶解即可食用。

功效:补血补气,散寒驱瘀,适合任何体质的产妇食用。

喝红糖水最好不要超过10天,以免增加血性恶露,尤其是在夏天会使产妇出汗更多,造成体内少盐。

(2) 猪排炖黄豆芽汤

原料： 猪肉仔排 500 克，鲜黄豆芽 200 克，葱、姜各适量，料酒 50 克，盐、味精各适量。

做法： 将仔排切成段，放入沸水中焯水，用清水洗净，放入炒锅或煲内，放清水 300 克，投入料酒、葱结、姜块，用旺火烧沸，改用小火炖 1 小时，投入黄豆芽，用旺火煮沸，改用小火煮 15 分钟，放入适量盐、味精，挑出葱、姜即可。食用以喝汤为主。

仔排骨上带肉，为滋补强壮养生佳品；黄豆芽解脾胃郁热。两者合烹成汁，汤鲜味美，具有催乳作用。

温馨提醒：

哺乳期间，韭菜、麦芽、豆浆、巧克力等食物，最好不食，食后易回乳，影响乳汁的分泌。

众所周知，母乳是婴儿最好的食物，也是最适合的营养品，不仅易于被婴儿消化和吸收，还可增进其抗病能力。母乳喂养已充分地得到世界卫生组织的高度重视。哺乳期的保健直接关系到母亲的健康，更与婴儿健康生长密切相关。

三、爱心加油站

1. "性福生活"如鱼得水

在心理学上，影响产后性生活的因素包括担心会感染、伤口痛或性交时会不舒服及害怕再怀孕等原因。也有许多生理上的因素，包括剖宫产的伤口未复原、睡眠不足没有力气、哺乳的产妇会泌乳不方便行房，也有产后忧郁焦虑等心理因素。想要"如鱼得水"，夫妻双方在心理、生理方面需有充分的准备，所有可能引起焦虑的因素，都要事先好好沟通。

（1）产后房事何时恢复

一般而言，顺产的产妇恢复房事最佳时机是产后6—8周。因为准妈妈在怀孕期间会有明显的体质变化，这些状态通常会在产后6周逐渐复原。例如子宫在未怀孕时约重100克，到了足月可以重到1200克，而小宝宝出生后，子宫也还有1000克重。子宫需等到约1个月后才能回到常态。

（2）产后"第一次"注意事项

产后的分泌物主要以恶露为主，但是如果哺乳，可能会有阵发性的出血现象。由于子宫颈及阴道口所分泌的润滑液会比较少，所以产后行房，最好能多一点"前戏"。产后体态不能完全回到从前，夫妻双方可以多方面沟通，尤其先生要多多安慰，多加鼓舞，产妇要有信心。

（3）产后同房要避孕

产后同房，一定要注意避孕。有不少女性以为产后不会怀孕，尤其是哺乳者更以为哺乳期是不会怀孕的。一旦产后恢复性生活，就应认真落实可靠的避孕措施，在母乳喂养期间，月经未恢复前最好坚持使用安全套避孕。

2. 产后身心护理

（1）心理护理

心理护理对产褥期的妇女来说很重要，它可以改变患者的不佳心理状态，促使患者顺利度过产褥期。家人要全面了解产妇的心理状态，有针对性地在喂奶方法、饮食、恶露外排护理等方面给予耐心指导，详细解答产妇提出的问题,千方百计消除产妇的心理负担和顾虑。同时,营造良好的休养环境,避免给产妇造成不良刺激。

（2）剖宫产切口护理

一期愈合切口无需特别护理,切口周围皮下有时可能较硬及轻压痛,一般可逐渐恢复,必要时可用频谱仪照射1—2个疗程。有表浅皮损者可用碘酒、酒精消毒伤口；切口表层轻度感染有少许分泌物者,消毒后用庆大霉素注射液涂抹敷贴；切口感染较重,应及时去医院诊治。

（3）会阴侧切伤口护理

产妇注意勤换卫生巾、内裤,应穿宽松裤子,每天用温开水或0.9％温盐水洗会阴。产后一周内如切口内缝线吸收不良,局部出现水肿、硬结、发红、疼痛,用1/5000高锰酸钾溶液早晚各清洗一次。

（4）产后促进泌乳

早接触、早吸吮,连续喂哺,可促进乳汁分泌顺畅。如婴儿住院未连续喂奶或奶汁太多吃不完,应每隔2—3小时用吸奶器吸奶1次,将剩余乳汁吸净,可防止排泌不畅堵塞乳腺引起包块、胀痛、发烧甚至退奶。

（5）乳房护理

产后乳房增大,位置下垂,可用内衣抬高乳房,畅通排乳管,避免排乳管不畅而形成包块。发生乳房包块时可用热水或用33％硫酸镁溶液热敷,也可用仙人掌片敷,切勿徒手过度按压挤奶。乳房溢奶时,可采用按摩手法松弛乳房,减少或停止溢奶。发生乳头皲裂时,应纠正婴儿含接姿势,让婴儿口唇含接乳晕,如乳头破损,喂完奶后,可挤一两滴奶汁涂抹乳头等。

（6）产后清洁护理

应鼓励产妇勤刷牙、勤洗澡、勤换衣服,坚决摒弃产后不洗澡、不刷牙的陈旧观念。洗澡前可吃少量点心,以免发生低血糖;洗澡后避免因吹风引起感冒。刷牙可用温水或温开水,以减少对牙的刺激。

3. 心情和休息同等重要

情绪、营养、休息是保证产妇正常泌乳最关键的三大要素,所以不光是营养,在情绪和休息上,都要让产妇有一个良好的状态。现代社会不少人的社会压力都很大,而一些产妇由于刚做了妈妈,一种责任感让她要求自己去了解很多哺乳、教育等方面的信息,但信息过量,反而会加重心理负担,产生不良影响。

四、妈妈在右

不能承受的生命之轻
—— "坐月子" 有感

快满月啦!2009年11月18日到2010年1月18日,在家人的监督与唠叨下,终于坐完满两个月的"月子"期了,江南一带的产妇都坐"双月子"。回想整个"坐月子"的过程,我们是老方新法相结合,传统与科学相结合,中西结合,取长补短,取老方精华,去陋俗糟粕,辛苦又愉快地坐完了月子。

到底什么是"月子"呢?实际上医学上指的是产褥期。产褥期主要是指从分娩结束到产妇身体恢复至孕前状态的一段时间。在正常的生育过程中,胎儿以及胎盘娩出以后,子宫就要有所恢复,胎盘剥离的创面完全愈合大概需要六周的时间,因此我们就把产褥期定到产后的六周,也就是说从胎儿娩出到产后的六周这个时间叫作产褥期,民间俗称"月子"。

并且,"坐月子"实际上是妈妈整个生殖系统恢复的一个过程。恢复得不好,会影响产妇的身体健康。产前孕妇输送给胎儿生长发育所需要的营养,母体的各个系统都会发生一系列的适应性变化。子宫肌细胞肥大、增殖、变长,心脏负担增大,肺脏负担也随之加重,妊娠期肾脏也略有增大,输尿管增粗,肌张力减低,蠕动减弱。其他如皮肤、骨骼、关节、韧带等都会发生相应改变。

而且,坐月子这一段时间是产妇自己的"多事之秋",产褥感染、乳腺炎、子宫脱垂、附件炎等多种严重威胁产妇健康的疾病,都可在这段时间内发生。同时,流传于民间的许多关于"坐月子"的陈规旧俗,也会给产妇本身带来困惑和压力。

产后胎儿娩出,母体器官又会恢复到产前的状态。子宫、会阴、阴道的创口会愈合,子宫缩小,膈肌下降,心脏复原,被拉松弛的皮肤、关节、韧带会恢复正常。身体能否复原,则取决于产妇在坐月子时的调养保健。若养护得当,则恢复较快,且无后患;若稍有不慎,调养失宜,则恢复较慢。

了解了这些医学基本常识,预先做好"坐月子"的功课后,许先生又特意学习研究了很多中医方面的"坐月子"的老方子,研究怎么让我尽快恢复健康与促进乳汁分泌;我则积极地回想心理学学过的关于调整产后焦虑与抑郁的新方法,及时地进行自我心理调整;经验丰富的月嫂教我怎么样给颢颢喂奶、洗澡、触摸、做操等;还有老爸、老妈在旁边监督唠叨,老两口把当年养育我们兄妹仁的经验方法都和盘端出了,还有道听途说的很多"坐月子"老方法等。

我们听着、看着、学习着、实践着，颢颢被我们养得非常健康，真是"众人拾柴火焰高"。整个"月子"过程还是很顺利愉快的，现在回想起来，"坐月子"是一种甜蜜的负担。

记得当时，"坐月子"期间，家人说不能上网、不能看电视，说是会伤神、伤眼睛，以后会落下迎风流泪的"月子病"。离不开电脑的我憋得实在太难受了，快满月的前两天，我还是忍不住偷偷打开了电脑，颢颢好像知道妈妈要写博文了，很配合，乖乖地睡着了。也真奇怪，坐在电脑前，心中感慨很多，脑子里却一片空白，不知道该写点什么。老妈说，生过孩子的女人反应迟钝，会变笨，难道我这个新手妈妈真的变笨了？

看着宝宝满月时的纯真笑脸，想到老子《道德经》里说的"复归于婴儿"。婴儿的音容笑貌、一举一动真是"原生态"啊，可爱至极！看着看着，月子里经受的疲劳不适与烦恼郁闷就真的会不翼而飞了。

再想想宝宝刚生出来时，护士把他送过来，我紧张又兴奋地抱在怀里，真不知道该怎么抱他，因为我抱的手势不对，感觉轻飘飘、软绵绵，还滑来滑去的，再看看他那小小的红红的脸，还有抬头纹呢，呵，像个贪睡的小老头。

初为人母，我连抱孩子都不会，生怕他会滑落下来，心里既紧张又焦虑，总在傻想，何时能把这小东西养大哦，那感觉，真是"不能承受的生命之轻"啊！

健康小子是怎样炼成的

俗话说："养儿才知父母恩。"真是千真万确。现在自己真正做了妈妈了，才知道这句话的涵义。以前看别人做妈妈挺羡慕，觉得很轻松有趣，更是喜欢那些妈妈怀里的可爱宝宝，总是幻想着，有那么一天自己做妈妈，也有那样的漂亮宝宝。

现在，这一天如梦幻般真的来了。梦想照进现实，真是感慨颇多。可怜天下父母心，养儿才知父母恩，养育大一个孩子真是不容易啊！

从怀胎到每月一次、每周一次的产检；从忐忑不安进手术室到听到宝宝第一声响亮的啼哭；从我们八斤三两的宝宝呱呱落地，到手忙脚乱地开乳、喂奶，再到研究不同奶瓶的不同功能；从什么都不会到现在两分钟就能换好尿布；从听辨颢颢不同的哭声到猜想他到底需要什么；从摸颢颢的头颈和手心温度到判断他的虚寒冷热……

朋友说，育儿需要爱心、耐心和菩提心。现在体会下来，一点不假。哺育婴儿是需要相当的爱心与耐心的，更是需要一颗慈爱包容的菩提心。因为宝宝来到这个世界上，他是那么娇嫩，处于脆弱的新生状态，需要百般爱护与关心。

记得当时"坐月子"时，外面已是冬天，上海更是出奇地冷，零下三度！房间里开着空调，我戴着漂亮的卡通产妇帽，老妈还帮忙充了热水袋捂手。看着孩子阳光健康的脸，心里感觉特别幸福，孩子的手和小脸也是暖乎乎的，贴在上面很柔软舒服。

写到这，又听到颢颢哭啦，他大概又要喝奶或换尿布了！整个"月子"（双满月）坐下来，颢颢睡得好、吃得好，体重增加了5斤，日积月累，不再是"不能承受的生命之轻"了，抱在手里沉甸甸的，感觉像抱着温暖的"小太阳"，这可是充满着希望与梦想的小太阳啊！

健康小子是怎样炼成的？第一步就是在妈妈的肚子里练就的，健康的妈妈才能练就健康的小子！后天当然就靠他自己的努力了！

伟人毛泽东说过，孩子是早晨八九点钟的太阳，孩子健康成长就是未来的希望，世界是你们的！早晨八九点钟欣欣向荣、朝气蓬勃，真是非常形象！颢颢，你是我们的阳光与希望，盼望你好好吃饭睡觉，天天向上！

第三章

产后恢复——积极应对"多事之秋"

一、爸爸在左

根据中国人的体质,产妇还是按照中国传统遵循"产后宜温"原则,月子里不宜过多用"凉品"(冷饮、冷水、冷药),免得伤胃、伤肾、伤气。

1. 产后初期的饮食建议

第一周食用麻油猪肝,主要目的在于协助产妇破血、补血、养血。第二周食用麻油腰花与中药材杜仲,主要治疗产后的腰酸现象。第三周食用麻油鸡则可补血、补气。麻油鸡也可用鲈鱼、猪肉来取代,少吃鸭、虾、蟹等食物,以避免产生过敏现象。此时期也要食用一些蔬菜水果,以免产妇营养不均衡及便秘。但有些寒性的蔬果,例如:西瓜、香瓜、葡萄柚、椰子、橘子、奇异果、芒果、黄瓜、苦瓜等尽量少吃。

2. 产后营养美容餐

新妈妈的饮食在整个哺乳期都要给予足够的重视,"月子"的饮食有特殊的地方，但也并不宜暴饮暴食。只要饮食科学、营养均衡，恢复身材从"月子"里就可以开始了。

食谱

当归黑木耳炖鸡汤

原料： 当归15克、黑木耳适量、老母鸡1000克。

做法： 洗净后，加少量米酒，用传统方法炖熟即可。

温馨提示：

鸡肉中含有蛋白质、脂肪、钙、磷、铁、钾、钠、氯、硫、氧化镁、氧化铁、氧化钙、维生素A、维生素B_1、维生素B_2、维生素C、维生素E等营养成分。具有强健筋骨，滋补效果好，对产妇体虚、泌乳少有很大帮助。

当归补血活血，菌类食物属于高蛋白、低脂肪类食材，并富含多种酶和氨基酸，有解毒、降血脂的作用。这道菜味道佳、营养全，很适合产后妈妈用来催乳，且不用担心发胖。高蛋白的鸡肉和低脂肪、低热量的菌类搭配在一起，既保证了妈妈对营养的需求，也满足了新手妈妈产后塑身的需求。

食谱

黄芪木瓜鲫鱼汤

原料： 黄芪30克、木瓜半只、鲫鱼1条、姜适量。

做法： 慢火炖熟即可。

> **功效**：黄芪能补气活血，木瓜柔肝美容，鲫鱼汤利于催乳，同时也能润肤养颜，可以说"月子餐"也是"美容餐"。

二、"天心居"秘笈

1. 积极预防"月子病"

生下孩子后，别以为就万事大吉了，其实，一些疾病还会趁虚而入。产后病，是指胎儿娩出后及产褥期间所发生的与分娩有关的疾病，俗称"月子病"。如：产后出血、生殖器官感染、手关节痛、乳腺炎、膀胱炎、子宫脱垂、痔疮、产后"尿潴留"、阴道松弛等。这些疾病不仅严重影响产妇的情绪与健康，而且使产妇不能正常哺乳。因此，对产后疾病做到早预防、早发现、早治疗，有十分重要的意义。

2. 远离"产后忧郁"

大多数女性在宝宝出生后的几天内会觉得有点伤感，这种现象称为"产后忧郁"，主要是由体内激素的变化引起的。相当多的女性还会出现更为严重的情感低潮，这种状况可能会持续几周、几个月，如果问题没有得到适当的解决，甚至会持续几年。治疗方法包括咨询、专业的心理治疗和药物治疗。

产后忧郁与生理变化造成的营养失衡不无关联，如果锰、镁、铁、维生素B_6、维生素B_2等营养素摄取不足，就会影响精神状态。粗粮、核桃、花生、马铃薯、大豆、葵花子、新鲜绿叶蔬菜、海产品、蘑菇及动物肝等食物，含有以上多种缓解情绪紧张和忧虑的营养素。另外，应多搭配吃一些清淡食物以及新鲜的蔬菜水果，多喝温开水，由内而外地调整身心状态。

食谱

(1) 金针菜炒虾仁

原料：鲜虾仁、金针菜、西芹、百合、盐、油、味精等。

做法：西芹切段或片，与金针菜、百合等一同清洗；虾仁上浆，并放在油锅里炸一下；取出后与西芹等一同炒制即成。

多准备几种配料与虾仁一起炒，让来自海洋的营养口感变得更丰富。这道鲜脆、爽口、靓丽的菜肴，会让产妇食欲大振。

(2) 核桃仁鸡丁

原料：鸡肉100克、核桃仁25克、黄瓜25克、葱姜及各种调味料。

做法：鸡肉切成丁，用调味料上浆；黄瓜切丁，葱、姜切好备用；核桃仁去皮炸熟；炒锅上火加油，将鸡丁炒熟，捞出控油；原锅上火留底油，煸葱、姜至香，下主辅料与调味品，最后放核桃仁，然后勾芡装盘即成。

核桃仁是产后妈咪最该重视的一种坚果，其中含有很多抗忧郁营养素。把它做到菜里，还会有酥香咸鲜各种风味，与鸡丁和黄瓜搭配起来相得益彰。

治疗产后抑郁良方

忘忧草30克、广郁金9克、生白芍9克、玫瑰花6克、栀子花6克，每日一剂，煎服，每日早晚各一次。

三、爱心加油站

1. 坚持锻炼心情好

（1）瑜伽

运动是缓解抑郁的最佳方法，哺乳期的妈妈可以做一些温和的运动，如瑜伽可以让哺乳妈妈平心静气地感受自己身体的变化，让自己恢复自信。

（2）产后恢复操

产后10天左右，如果一切恢复都正常，新妈妈可以做一些产后恢复操：

① 仰卧，两腿交替举起，分别先与身体保持垂直，然后慢慢放下来。两腿交替各做5次。

② 仰卧，两臂自然放在身体两侧。曲膝抬起右腿并使大腿尽力靠近腹部而使脚跟尽力靠近臀部。左右腿交替，各做5次。

③ 仰卧，双膝弯曲，双臂交合抱在胸前，然后慢慢坐起成半坐位，再恢复仰卧位。

④ 仰卧，双膝弯曲，双臂上举伸直，做仰卧起坐。

⑤ 俯卧，两腿曲向胸部，大腿与床垂直，臀抬起，胸部与床紧贴。每次持续时间可从2—3分钟，逐渐延长到10分钟，早晚各做1次。

（3）散步、走路

散步是最好也是最简单的运动，比较适合产妇。满月后，妈妈可以推着婴儿车，带孩子做适量轻松的散步，每天半小时左右，据个人的身体情况而定。在增进亲子感情的同时，也锻炼了自己身体，一举两得，何乐不为呢？

2. 积极应对产后抑郁

产后抑郁症也叫产后忧郁症,是妇女在生产孩子之后由于生理和心理因素造成的精神碍障,症状有紧张、疑虑、内疚、恐惧等,极少数严重的会有绝望、离家出走、伤害孩子或自杀的想法和行动。

产后抑郁症是女性精神障碍中最为常见的类型,是女性分娩之后,由性激素、社会角色及身体变化所带来的情绪、心理等一系列不适状况。典型的产后抑郁症是产后 6 周内发生,可持续整个产褥期,有的甚至持续至幼儿上学前。产后抑郁症的发病率在 15%～30%。可在 3—6 个月自行恢复,但严重的也可持续 1—2 年,再次妊娠则有 20%～30%的复发率。产后抑郁症不仅影响产妇健康,对婴儿也有影响,所以对产后抑郁症应给予重视。

现在治疗产后抑郁症的方法很多,常见的有药物治疗、物理治疗及心理治疗等。但对于产妇尤其是哺乳期妇女,由于药物的副作用,应尽量避免使用药物治疗。

(1) 支持性心理治疗

这种方法又称支持疗法,是指医护人员针对病人的心理状态合理地采用劝导、鼓励、同情、安慰、支持以及理解和保证等方法,有效消除病人的不良情绪,使其处于接受治疗的最佳心理状态,从而保证治疗的顺利进行,使疾病早日康复。

(2) 人际心理治疗

这种方法是指以改善患者的人际关系为重点的短程心理疗法。这项抑郁症心理治疗方法主要用于治疗成人抑郁症急性期发病,旨在缓解抑郁症状,解决抑郁病人的一些社交问题。产妇这个时期容易自我封闭,不愿对别人吐露心扉。这种方法适合与产妇关系较为亲密的人去尝试。

(3) 音乐疗法

抑郁症心理治疗方法中最受患者欢迎的一种,莫过于音乐疗法。

此法不仅能促进情感抒发，消除抑郁烦闷情绪，还能加快机体新陈代谢，提高机体免疫力，是简单实用的方法。

如果女性能了解一些心理学知识和心理治疗的技术就可以学以致用，尝试自我调节，及时调整和改善自己的情绪。

（4）焦点转移

如果产妇产后的确面临严重的不愉快的生活事件，甚至问题棘手难以解决，不要让精力总是黏滞在不良事件上，要适当转移自己的注意力。

（5）主动求助

产后抑郁的女性内心会有一种无助感，这种无助感可能是幼年被忽略的心理阴影的重现。这其实是一种希望获得他人关注的信号，所以主动寻求和接受别人的关注是一种很有效的自我保护方式。

（6）放松充电法

产妇适当调节变动生活内容，不要时时刻刻关注孩子而忽略了自己，将孩子暂时交给其他人照料，给自己放个短假，哪怕是两小时、半天，也能达到放松和精神充电的作用。

（7）行为调整法

产妇不适于做剧烈的运动，但一些适当放松活动是非常必要的，如深呼吸、散步、打坐、冥想等等。

（8）倾诉宣泄法

产妇可找好友或亲人交流，诉心曲，尽情宣泄郁闷情绪。

（9）自我鼓励法

产妇学会自我欣赏，多看自己的优点，多看事物的好处，多想事情可能成功的一面。

3. 产后体型恢复最佳期

（1）抓住体型最佳恢复期

国人传统观念里总是认为怀孕是女性发胖、体型变化的关键因素，殊不知许多妇女产后饮食不忌、不愿运动，这才是体态严重走样的原因。产后 6 个月是体重控制的黄金时期，据说如果产后 6 个月内能够恢复到怀孕之前的体重，则 8—10 年后，体重平均增加 2.4 千克；如果产后体重无法下降，则 8—10 年后，平均体重会增加 8.3 千克。

在产后 6 个月内，母体的荷尔蒙会迅速恢复至原有的状态，同时新陈代谢的速度也会因此恢复正常，甚至加快，使得身体自然进入到减重的最佳状态，所以产后 6 个月可说是"减重的黄金时期"，各位新手妈妈们可要好好把握最佳时机。

（2）如何恢复到原来的身材

恢复到原来的身材取决于两件事——减肥和锻炼，但锻炼要适当适度。多余的体重是为保证婴儿健康成长而积攒 10 个月的结果。所以，至少也需要同样长的时间来减掉多余的重量。如果锻炼强度过大、速度过快，可能会影响到身体健康。如果母乳喂养，高强度锻炼还会破坏乳汁中的营养。总之，制订锻炼计划对新手妈妈来说是非常重要的。

许多新手妈妈都迫切希望通过工作去减掉产后多余的重量。但是从怀孕、分娩到哺乳，你的身体恢复也需要时间。正常减肥的最好指标是每星期不超过 0.5 千克。这是安全而又现实的减肥指标。

在哺乳的这段时间里你可能会发觉要减掉几公斤很困难。但在婴儿断奶后一下子就做到了，在持续的运动锻炼和正确的营养饮食条件下，体重很快可以恢复到孕前。

（3）谨慎选择塑身衣

哺乳期身体发胖是很正常的，新妈妈们一定都很注意自己的形象，但为了孩子暂时胖一点还是值得的，不管什么品牌的塑身衣、束腹提臀紧身衣，在哺乳期对身体都是有影响的，尤其是胸部需要容纳乳汁，裹紧了影响乳汁分泌。

或者可以穿相对宽松一些的束腹衣或哺乳文胸，可以避免乳房下垂，如果抱有这样健康快乐、顺其自然的心理，将来一定能减掉赘肉的，恢复怀孕前的身材。至于到底要不要穿紧身衣，也是看个人的爱好，仁者见仁，智者见智。

四、妈妈在右

穿上还是脱下？

我产前、产后都不太喜欢穿紧身衣，也奇怪在西方先进国家，广大女性已经提倡解放乳房，不穿内衣，尤其是远离紧身内衣，而在这与时俱进的国际性大都市里，怎么还会有那么多人爱穿紧身衣、束胸衣呢？我曾经写过一篇小文《不穿奶罩的女人》，摘录在此，供大家思考。

上海前几天出梅了！38度大热天，燥热难当。马路上的人们疲于奔命着。

淮海路多美女是出名的，但这么热的天，也没见几个大胆的美女出来逛街。偶尔看见一两个，也是吊带衫、超短裙，在马路上一晃，又不见了。上海的女人特别爱美，这么热的天，还穿着坚挺的文胸，为的是衬托出好看的胸型。她们自己也许觉得很美，不觉得难受，看的人却有点担心，觉得有点不舒服。

再看英国斯铁西·格雷克的诗集《不穿奶罩的诗人》：
我从来没说过结婚是孩子们的玩意儿，
我只是一个女人。
我觉得寂寞，
恐惧留在子宫里，
恋情关上了骨瘦如柴的门……

斯铁西·格雷克好像有点先见之明，她崇尚自由轻松的自然状态下的生活，鄙弃浮华生活，主张返璞归真。她自由地写诗写小说，不愿穿紧身的内衣。不知道爱美的女人们，是否看得懂她的诗，亦或可以从字面上了解基本的生活常识，不去隆胸，不穿紧身内衣，至少可以减少乳腺癌的发病率。

前段时间，听说同事徐姐得了乳腺癌。她特别爱穿紧身的内衣，尤其是有钢托的所谓性感美丽的文胸，四十出头的人了，硬是要撑起本来有点自然下垂的胸部，与年轻美眉试比高！为了美胸，她还用各种各样的丰乳霜，结果患上了乳腺癌，这就是一个血的教训。有关数据统计显示，现在上海乳腺癌的发病率是1‰～2‰，爱美的女性应该引以为戒。

同学玲曾骄傲地说，三十六岁的她生了个大胖儿子，还发了一张她亲自哺乳的照片给我看，母亲与婴儿温馨和谐的画面真让人羡慕感动，哺乳的母亲最无私可爱，也是天底下最美丽的妈妈！

听了这一悲一喜两个消息，心里思考着人生的意味。正如王国维先生所云："人生只似风前絮，欢也零星，悲也零星，都作连江点点萍。"

三部曲

育儿：生命的延续

人之初，性本善。用孩子的心感受这个世界、解读这个世界，同孩子一起健康快乐成长，这是我们每个家庭的期望，也是全社会的期望。每个孩子都不一样，每对父母也都不一样。初为父母，一切都得学习。孩子一天天长大，我们也和他一起慢慢成长，怎样正确理解孩子，怎样学习探索教育孩子的良好方法，让孩子健康快乐地成长呢？

第一章

新生儿——我们的世界从此多了一个你

> 从脐带剪断至出生28天的婴儿,叫新生儿,这段时期也称新生儿期。新生儿期时间跨度不大,却是儿童发育的第一个重要阶段。不同类型的新生儿,在护理、喂养、疾病防治等方面,有着不同的特点和要求。新手妈妈知道了自己宝宝属于哪一类新生儿后,就可以按照不同的要求,来呵护宝宝的稚嫩生命,让新生宝宝健康成长。

一、爸爸在左

中医养子十法

中医医学有其独特的育儿方法,尤其以古人所倡导的"养子十法"最为精辟,它科学地总结出养育孩子的实用之法,值得我们借鉴与学习。即:

背要暖；肚要暖；足要暖；头要凉；胸要凉；勿惊吓；忌寒凉；啼哭勿喂乳；勿服轻粉朱砂；勿过度洗浴。

要想使小儿在身体、动作、语言和智力等方面得到发展，还必须在生活起居的各方面精心呵护。针对新生儿生活的六个方面——吃、喝、拉、撒、睡、玩，古代医家提出了许多有益的建议。比如"忍三分寒，吃七分饱"、"小儿用药，贵用和平"等。

二、"天心居"秘笈

1. 中医催乳良方

（1）具有通乳作用的食物

西医对于奶水不足，除了进行乳房按摩及催产激素注射外，并没有很好的处理方法，而中医则建议食补重于药补。怀孕时若有妊娠贫血，要服用铁剂补充，以预防产后大出血，造成体内营养不足；产后则要增加营养，尤其要食用富含蛋白质的食物和新鲜蔬菜；若是补钙，最好多吃些连骨一起的小鱼，如仔鱼，以及芝麻豆腐、芝麻拌菜；用油以植物油较理想。

（2）具有通乳作用的药物

1) 冬葵子：可治产后乳汁稀少或排乳困难、乳房胀痛。

2) 王不留行、穿山甲：治乳汁稀少或排乳不畅。

3) 通草：用于产妇乳汁少，为下乳常用药，常配合王不留行、穿山甲使用。

4) 王瓜、土瓜根：通乳方多用之。

5) 滑石：通乳滑胎，目前临床比较少用。

6) 赤小豆：下胞衣、通乳汁。《产书方》认为煮赤小豆汁饮，可下乳汁，《本草纲目》也有类似记载。

赤小豆

（3）中医常用方剂

1）通乳丹：主要包含当归、麦冬、猪蹄、通草等原料。当归、麦冬，可以养血滋阴，猪蹄可以补血通乳，通草也有宣络通乳的作用。

2）涌泉散：主要包含王不留行、天花粉、猪蹄等原料。这些原料均有行气通乳的作用。

3）猪蹄汤：猪蹄加花生或猪蹄加通草，有良好的通乳作用。

4）白芝麻糊：白芝麻糊冲兑牛奶，早晚各一杯。

白芝麻

2. 好好睡觉，天天向上

新生儿除了吃奶、睡觉、排泄之外，似乎再没有别的事情。吃饱就睡，睡醒就吃。没经验的新手爸妈或许还以为孩子患了什么疾病。新生宝宝为什么那么爱睡觉？睡多久才合适？

（1）睡眠利于发育

新生儿因为脑部还没有完全发育成熟，容易疲劳入睡。而且也只有充足的睡眠，才能够保证各组织器官的发育。否则，睡眠不足对脑组织的成熟及各器官的生长发育都是不利的。

（2）时间因人而异

孩子睡眠时间的个体差异很大。比如，有些宝宝会一次睡很久，有的则精力充足，睡一小会儿；早产的宝宝，成熟度比足月的低，需要的睡眠时间更长。一般来说，随着月龄变大，睡眠的时间就会变短，新生宝宝每天的睡眠时间大约要20个小时。

其实父母也不必严格按照书本上写的去算孩子的睡眠时间，如果孩子吃得好，比较开心，每天也不打蔫儿，那么即使睡觉时间达不到一般的标准也不用太担心。

3. 宝宝睡姿误区

许多新手爸妈在哄孩子入睡和纠正孩子的睡姿上犯过不少错误，只是自己全然不知。下面我们就来仔细分析一下新手妈妈的几种不正确的做法。

（1）摇晃帮助入睡

当宝宝哭闹或睡眠不安时，一些年轻妈妈便将宝宝抱在怀中或放入摇篮里摇晃，宝宝哭得越凶，妈妈也就摇晃得越猛烈，直到宝宝入睡为止。过度摇晃会导致"婴儿摇晃综合征"，可能没有外部损伤，但会造成婴儿头或脑的损伤。正确做法是给婴儿养成良好的习惯，一有睡觉的迹象就可以把宝宝放到床上，轻拍助睡。

（2）俯睡最自然

专家发现婴儿猝死综合征与睡眠姿势有关，特别是颜面朝下的俯睡最具危险性。

小婴儿一般不会自己翻身，并且不能主动避开口鼻前的障碍物，因而呼吸受阻时，他只能吸收到很少的空气而造成缺氧，加上消化器官发育不完善，当胃蠕动、胃内压增高时，食物就会反流，阻塞本已十分狭窄的呼吸道，容易窒息而猝死。

宝宝最安全的睡姿是仰睡。此种睡姿可使其呼吸道畅通无阻，避免上述危险。

（3）陪睡最安全

从宝宝一出生，家人就应积极鼓励他独自入睡，并养成习惯。即使是新生儿，也不应与妈妈同睡一个被窝。因为妈妈熟睡后稍不注意就可能压在小宝宝身上，严重的会造成其窒息死亡。让婴儿独自睡觉可降低60%的突然死亡率。

（4）搂睡入睡快

很多新手妈妈担心宝宝在睡眠中发生意外，常常搂着宝宝睡觉。这样反而增加发生意外的机会。

1）使宝宝难以呼吸到新鲜空气，而吸入的多是被子里的污秽气体；

2）容易使宝宝养成醒来就吃奶的坏习惯，从而不利于宝宝形成有规律的饮食习惯，影响消化功能；

3）限制了宝宝睡眠时的自由活动，使得宝宝难以舒展身体，影响其正常的血液循环系统的功能发挥；

4）如果妈妈睡得过熟，不小心奶头堵塞了宝宝的鼻孔，还会造成窒息等严重后果。

（5）开灯睡得安

婴儿在通宵开灯的环境中睡眠，容易导致睡眠不良，睡眠时间缩短，进而减慢发育速度。婴儿的神经系统尚处于发育阶段，适应环境变化的调节机能差，卧室内通夜亮着灯，势必改变人体适应昼明夜暗的自然规律，从而影响宝宝正常的新陈代谢，不利于生长发育。

（6）裸睡好惬意

夏天气温高，一些妈妈便让宝宝光着身子躺在床上，以求凉爽。宝宝体温调节功能差，容易受凉，特别是腹部一旦受凉，可使肠蠕动增强，导致腹泻发生。即使炎夏也不可让宝宝裸睡，最好在宝宝胸腹上盖一层薄薄的衣被，或给宝宝戴上小肚兜。

三、爱心加油站

1. 新生儿的心理健康特点

即使在一天之内，新生儿的状态都会发生各种变化，其典型状态如下：

有规律的睡眠：新生儿合着眼，呼吸均匀，没有动作，这时最不宜唤醒他。

没有规律的睡眠：新生儿合着眼，呼吸不均匀，肌肉时时轻微地抽动，但没有大的动作。此时某些声音或闪光会引起他的微笑。

瞌睡：新生儿睁着眼，有一些身体活动，呼吸不均匀，此时对外界的刺激还是敏感的。

安静清醒地玩耍：新生儿在喂过奶、换过尿布、打过嗝后，会睁着眼玩上一会儿，可能一面摆动头部，伸伸手脚，摆动身体；一面看着眼前的环境或挂在他头上的活动玩具，有趣的环境能让他保持安静的清醒状态。

清醒时的活动和哭叫：把婴儿放进小床时，饥饿、寒冷或疼痛，或从他嘴里拿掉安抚奶嘴，婴儿会哭闹或乱动，开始只是轻轻的啜泣声和轻微的动作，然后是逐渐增强的有节奏的哭叫和蹬踢。

现代医学证明，新生儿有令人惊奇的行为能力，并有神秘多变的心灵世界。从新生儿起，通过视、听、触觉给宝宝以亲情的爱抚，有培养孩子良好情绪的作用，可促进心理健康发育。

2. 重视新生儿的心理需求

（1）多与宝宝对视

眼睛是心灵的窗户，宝宝渴望从"窗户"捕捉各种信息。你可以发现，他们最喜欢看妈妈的脸。有资料表明，被母亲多加关注的孩子安静、易笑，这为形成良好的性格打下了基础。

（2）多与宝宝说话

小宝宝的耳朵是他的第二个重要的感知器官。当小宝宝醒来时，妈妈可在宝宝的耳边轻轻呼唤宝宝的名字，并温柔地与其说话，宝宝听到妈妈柔和的声音，会把头转向妈妈，脸上露出舒畅和安慰的神态，这就是宝宝对妈妈声音的回应。经常听到妈妈亲切的声音使宝宝感到安全、宁静。

（3）多给宝宝温柔的抚摸

小宝宝的皮肤是他第三个重要的感知器官。皮肤是最大的体表感觉器官，是大脑的外感受器。温柔的抚摸会使关爱的暖流通过爸爸妈妈的手默默地传给孩子。这种抚摸通过宝宝的皮肤，在其大脑中产生安全、甜蜜的信息刺激，对宝宝智力及健康的心理发育起了良好的催化作用。

3. 新手妈妈的心理健康

有些新手妈妈在分娩后的头几天，会因分娩时疲劳，身体还未完全恢复，乳汁分泌少或晚，导致新生儿体重下降，从而出现烦躁、紧张、焦虑的心情，这时有些妈妈怀疑自己没有产生足够奶水的能力，去承担哺育婴儿的任务。此时，新手爸爸及家属应抓住女性情感的变化，多给她们鼓励和支持，消除她们的紧张心理；而新手妈妈也应该多了解母乳喂养的一些常见问题，使哺乳有一个良好的开端，让宝宝尽早喝到甜美的母乳。

（1）哺乳期心理护理

1）一开始乳汁分泌需要几天时间，新手妈妈一定要耐心等待。分娩后头几天所谓"空乳房"并不意味乳房内一点奶水也没有，新手妈妈应保持精神愉悦，以乐观的心态应对初乳不足的状况。

2）婴儿出生时，体内储存有水、葡萄糖和脂肪，头几天少量初乳完全能满足婴儿需求。

3）出生头几天婴儿体重下降是正常生理现象，只要坚持频繁吸吮，婴儿体重会很快恢复。

4）早期频繁吸吮，有助于母乳尽早分泌，还可促进母亲子宫收缩。让婴儿吸吮到营养和免疫价值极高的初乳，可促进胎便排出。

5）母亲紧张焦虑的心情会阻碍排乳反射，影响初乳分泌。母亲拥抱、抚摸婴儿，通过目光和肌肤接触，增进母婴情感交流，促进婴儿情绪安定。

6）新生儿生活往往缺乏规律性，母亲应尽量与婴儿同步休息。这样做有助于产妇消除疲劳，恢复精力与体力。

（2）新手妈妈的乳房养护

1）哺乳前柔和地按摩乳房，有利于刺激排乳反射。

2）切忌用肥皂或酒精之类的物品擦洗乳房，以免引起局部皮肤干燥、皲裂。如有需要，可用含有清洁水的奶布清洗乳头和乳晕。

3）哺乳中应注意婴儿是否将大部分乳晕吸吮住，如果婴儿吸吮姿势不正确或母亲感到乳头疼痛，应让婴儿重新吸吮，以婴儿含住整个乳头以宜。

4）哺乳结束时，不要强行用力从宝宝口中拉出乳头，因在口腔负压状况下拉出乳头，会引起乳房局部疼痛或皮损。应让婴儿自己张口，乳头自然地从宝宝口中脱出。

5）每次哺乳时，两侧乳房应交替进行，并挤空剩余乳汁，这样可促使乳汁分泌增多，预防乳管阻塞及两侧乳房不对称；哺乳期间，新手妈妈应戴上合适的棉制内衣，以起支托乳房和改善乳房血液循环的作用。

6）应学习正确的手工挤奶和恰当使用吸奶器的方法，避免因手法与吸力不当引起乳房疼痛和损伤。

四、妈妈在右

人生第一口黄连

"坐月子"前，为了与时俱进，我参考了很多国内外最新的关于新生儿的书籍、杂志等，心想：这新生儿感觉怎么像新新人类一样，吃喝拉撒变得如此复杂？如何给新生儿洗澡、抚触、按摩、做操等，大有学问。我看得晕头转向，就等颢颢出生以后，理论付诸实践了。

中国有一句老话说："穷养儿子富养女！"也就是说，男孩子要"穷养"，要让孩子从小学会吃苦，学会在艰苦的环境中成长，学会生存的本领，学会独立；女孩子要"富养"，就是说，女孩子天生娇嫩，一定要尽量让女孩子在优越富裕的家庭环境中成长，那样，长大后才会高雅大方。颢颢是男孩，那当然得"穷养"了！现在物质条件都好了，又怎么个"穷养"法呢？

我也经常听快70岁的老妈唠叨说，她那个年代，在老爸的部队里生了大哥，后来老爸从部队转业去了地质队，在地方上又生了我们姐妹俩，还不是像小狗、小猫一样粗养、散养着，我们兄妹仨个个身体健康，性格开朗，长大后学习、工作、家庭都很好。

老妈又补充一句，如果要说"穷养"、"富养"，你哥哥姐姐都是"穷养"的，脾气好，也很孝敬父母。你出生在70年代初，那时家里条件也好多了，你又是最小的，一家人都宠着、让着，算是"富养"的吧，结果却是脾气最不好的一个，虽然也很孝敬父母！老妈说，孩子一定要"穷养"，不管男孩、女孩。看来，颢颢一定要"穷养"了！

我们的"穷养"计划，从颢颢出生的第一天就开始了。

当我和颢颢刚被护士从产房推出来，还没进病房，远远就看见他爸拿着一把新新亮亮的小勺子，上面还扣着好看的红蝴蝶结，说要让颢颢先喝他人生第一口黄连水！在一旁的朋友和护士都觉得很奇怪，那么苦的黄连水，刚出生的小婴儿会喝吗？喝了又有啥好处呢？

他爸解释说，这可是他们许家祖传的育儿"秘笈"，是他百岁仙逝的老中医爷爷嘱咐过他的，因为他爸也是出生第一天，就喝了人生第一口黄连水。这意味着孩子刚出生就学会了吃苦，长大了肯定会苦尽甘来的。并且，从中医的角度来讲，小婴儿喝一口黄连水，有排毒养生的功效，还可以防止腹泻呢。

整个剖宫产的过程已经让我很累了，顾不得想那么多了，只是担心颢颢那么小，他会喝那么苦涩的黄连水吗？

我一边怜爱地看着他爸怀里的颢颢，一边看着他爸慢慢把小勺子放到颢颢的嘴唇边，嘿，真是奇怪了，这小家伙嘴巴碰到了小勺子，好像条件反射似的，竟然咂巴着小嘴，吮吸起来，估计是一天一夜没吃东西，早饿啦。哈，他爸乐了，顺势就喂下了勺子里的黄连水！

我躺在床上，盯着颢颢看，想看看他会不会哭，会不会皱眉头，结果自己却不自觉地皱了皱了眉头，黄连水好苦呀！孩子，你不觉得苦吗？

真是好神奇啊，这小小毛孩子不但不哭，反而在品尝了他人生第一口黄连水后，咧开小嘴巴，咂巴着，好像在笑呢！

这时，只听到护士在旁边叫道："快点呀，妈妈给宝宝喂奶吧，他肯定是饿啦！不管什么黄连不黄连了！"说完，护士就抱起颢颢放在我的胸前，颢颢像头饿急的小牛，小嘴巴到处在拱，在寻找奶头，啊，他终于一下子逮住了奶头，用力吸吮起来，霎时一股幸福的暖流涌遍全身……

第二章

0—1 岁——甜蜜的负担

一、爸爸在左

1. 中医断奶有说法

断母乳指的是婴儿由母乳作为唯一食品过渡到用母乳以外的食品来满足其全部营养需要的转变过程,从添加泥糊状食物(婴儿 4—6 个月)开始算起,大约需要 1 年左右的时间完成。这是一个漫长的过程,心理学家称之为第二次"母婴分离",母亲和家人应做好心理准备。过早断奶可能会出现一些问题:如孩子的体重不增加,出现睡眠问题、心理问题(焦虑、哭闹);如果母乳量多则易胀奶,患乳腺炎等。若断奶过程中孩子变得易怒、焦虑,晚上醒的次数比以前多,对分离表现出更多的恐惧,或比从前更黏人,说明断奶的速度过快,要适当放慢速度,给孩子适应的时间。

(1) 断奶最佳时间和季节

1) 时间

世界卫生组织建议纯母乳喂养至孩子 4—6 个月时,必须添加辅食,并继续母乳喂养至 2 岁甚至更长时间。所以,完全断奶的时间以

1—2岁为宜。通常，宝宝在10—12个月时已逐渐适应母乳以外的食品，胃内的消化酶日渐增多，肠壁的肌肉也发育得比较成熟，是断奶的最好时机。如果未能及时把握，断奶时间越晚，宝宝恋母的心理越强，导致宝宝只吃母乳而不肯吃粥、饭和其他离乳食品。

2）季节

断奶最好选择在春、秋季节。因为冬季多发呼吸道传染病，夏季多发肠道疾病，在断奶的一段时间内，孩子的食欲会受到一定的影响，如果得病则会更严重地影响食欲，进而影响孩子的生长发育。并且，在此季节生活方式和生活习惯的改变对宝宝的健康冲击较小。如果天气热，宝宝本来就很难受，断奶会让他大哭大闹，还会因胃肠对食物的不适应而呕吐或腹泻；天气冷则会使宝宝睡眠不安，还容易引起上呼吸道感染。若是宝宝的离乳月龄正逢此时，最好将断奶时间推迟。

2. 科学断奶有讲究

为了孩子和母亲都好，断奶最好是顺其自然。孩子吃母乳以外的食物也能满足全部营养需要了，到时随着孩子吸吮次数减少，奶水也会渐渐减少，断奶就会容易得多。但是，因为多种因素的影响，现在很多妈妈选择早早断奶。如果实在不得不这么做，那就该注意循序渐进，勿"突然完全中断"，否则对孩子对母亲都有不利影响。

如果决定断奶，应注意逐渐减少母乳的喂养次数和量，增加母乳外食物的种类和数量；采用勺子和杯子喂母乳以外的食物；如果孩子总是依恋母亲的乳房，可采取转移注意力的方法，跟孩子玩他喜欢的游戏或玩具，不要训斥，也不要在乳头上涂黄连、辣椒水等，否则孩子心理可能受到伤害。母亲多带孩子去公园玩，家里其他人也要多与孩子做游戏，使孩子感到虽然妈妈喂奶的次数减少了，但母亲和家人对他的关爱没有改变，让孩子在心理上逐渐适应断奶。

二、"天心居" 秘笈

1. 科学安排食谱

（1）抓住饮食要点

1）宝宝断奶后就少了一种优质蛋白质的来源，而宝宝生长偏偏需要蛋白质。除了给宝宝吃肉、蛋外，每天还一定要喝配方奶，它是宝宝断奶后理想的蛋白质来源。

2）食物宜制作得细、软、烂、碎。因为1岁左右的宝宝只长出6—8颗牙齿，胃肠功能还未发育完善。食物种类要多样，才能得到丰富均衡的营养。

3）增加进餐次数。宝宝的胃很小，但对于热量和营养的需要却相对很大，不能一餐吃得太多，最好的方法是每天进餐五六次。

4）注重食物的色、香、味，增强宝宝进食的兴趣。可适当加些盐、醋、酱油，但不要加味精、人工色素、辣椒、八角等调味品。

5）为宝宝营造良好的进餐环境。这样有助于增强宝宝的食欲，并可促进他对食物的正确选择。

（2）安排营养平衡的食谱

1—2岁是从婴儿到幼儿的过渡期，即使断奶，也不能要求他像成人一样吃饭，所以必须要有耐心，慢慢地发展其自主就餐的能力。

断奶期结束后，妈妈轻松下来，更应该从谷物、蛋白质类、蔬菜水果类、油脂类四种营养中，烹制营养平衡的饭菜。在喂养当中，要依据孩子的食量，不要强迫喂食。除三餐外，零食也要在规定的时间喂，尽量不要喂甜食，可喂水果及乳制品。

2. 父母是最好的老师

人类说话的能力是与生俱来的，利用语言作为沟通的工具，在动物界中是独一无二的。沟通是语言的最大功能。幼儿学说话的时间是在1岁左右，但是就个别而论，又有许多差异。这些差异是由幼儿身体的成熟速度、家庭教养方式及态度、父母与孩子间沟通程度及环境等多种因素导致的。

幼儿时期是宝宝练习口语的最佳时机，如果照顾者能在此时培养宝宝的口语表达能力，可为其奠定教育基础。提升宝宝的语言能力，应从发音、组句等方面进行。

宝宝张口说出第一个有意义字，也许要等到他至少 10 个月大的时候。其实，出生后不久，聪明的小宝宝就开始辨别大人说的话是什么意思了；五六个月的时候，当大人叫宝宝名字时，他就会以转头的方式作为回应了。等小宝宝到了八九个月大的时候，他能分辨的话语内容就已经达到 20 种了。

语言既是思维和沟通的重要工具，也是智力发展的一个显著标志。宝宝从出生起的三年内，大脑发育进步神速，其中语言能力的发展是孩子身心发展的重中之重。

三、爱心加油站

1. 做好断奶心理准备

妈妈虽然会在宝宝断奶后松一口气，但可能会因为失去了这种与宝宝亲昵沟通的方式而产生失落感。所以，妈妈从第一天给宝宝喂奶时就应这样想：有一天宝宝不需要吃母乳了，是因为他很健康，迈向了一个新的成长阶段。

照顾者一定要从宝宝 4 个月起，按月龄适当添加非乳食品，让他们知道除了乳汁外还有很多好吃的。这样宝宝到了 10—12 个月时，不仅充分锻炼了咀嚼能力，而且养成用勺、杯、碗、盘等器皿进食的习惯，能够适应以非乳食品为主的饮食方式了。

2. 口唇期性格

（1）口唇期性格

中国古话说："三岁看大，六岁看老。"事实上一个孩子的人格核心在六岁以前已经基本形成了,而塑造者就是父母们。

根据弗洛伊德的人格发展阶段理论,在孩子0—6岁的成长时间里,有三个心理学上所谓的"关键期",即口唇期(0—1.5岁)、肛门期(1.5—3岁)和性器期(3—6岁)。婴儿出生后直到18个月被称为口唇期,这是婴儿脱离母体之后最初的一个阶段。婴儿出生时,被从子宫这一安全的、给予保护的、在长时间生长过程中已经习惯了的世界里"赶"出来,面对完全不熟悉、陌生的环境,有的发展心理学家称之为"出生之死"。这时婴儿的人格就好像一张白纸,可以说,父母为他画上怎样的第一笔就决定了他有怎样的人格形成和发展。

口唇期是指在这一阶段婴儿欲望的满足主要是通过口唇的吮吸、咀嚼和吞咽等活动来实现的,他的快感主要来自口唇的活动和接触。在经历了降生到一个未知世界的恐惧之后,他们急切地想通过吸吮乳头来和母亲重新建立一条新的"脐带"。所以,即使并不是很饿,婴儿也喜欢含着奶不放。同时,他们也渴望通过吸吮手指、脚趾或者所有他们可以咬到、啃到的东西来探索这个世界。

口唇期是塑造婴儿人格三大关键期的第一个时期,也是最基本的时期,如果在这一时期大人的不当言行对婴儿的心理造成了创伤,可能会导致他口唇期不良人格的形成。如果人格发展停滞在这一阶段,就会形成口唇性格。

(2)造成口唇性格的原因

1)婴儿一哭就立刻给他吃奶,甚至在婴儿还没有表达出愿望时就给予喂养;

2)在婴儿度过了口唇期后仍进行哺乳或用奶嘴安抚;

3)在婴儿表达需要后很久才给他喂奶;

4)禁止婴儿吸吮手指、脚趾或者其他无害的东西;

5)过早断奶,改用小勺等物件进行喂养。

如何让婴儿顺利度过口唇期为他的人格塑造打下基础就成了爸爸妈妈们,尤其是妈妈们最重要的工作。在这一时期父母的教养方式,就决定了宝宝人格核心的形成,也决定了在此基础上宝宝发展的个体性格。

四、妈妈在右

母乳:当断则断

2010年的国庆长假期间,秋高气爽,天气很好。身边有经验的亲朋好友都建议我给颢颢断奶,我也有此打算,还从江苏老家请了大姐来帮忙。

我曾在育儿网上看到这样一段资料:宝宝一般在8—10个月可以断奶,家人还要根据天气的变化和宝宝的身体状况来选择断奶的时机。断奶最好选在秋凉季节,不要在夏季给宝宝断奶,因为夏季天气炎热,宝宝的肠胃功能容易紊乱,此时断奶可能会加重这种情况的发生。断奶期间还应注意宝宝营养的均衡。此前若按时给宝宝添加辅食,在宝宝半岁以后,就应该吃相当数量的食品,往后可以慢慢地减少喂奶的次数。看了这段资料,我更加坚定了给颢颢断奶的决心!理由有以下三点:

一是因为天气很好,不冷不热,春秋天是孩子断乳的最佳时期;二是因为颢颢长了八颗牙了,喝奶时,一兴奋,就咬妈妈的奶头。一边咬,还一边来来回回地晃着大脑袋玩,正在长牙的他,把妈妈的奶头当成了磨牙棒。我被咬得眼泪都出来了,涂上金霉素药膏刚一会儿,他又吵着要喝奶了,再喝、再咬,鲜红的血就被咬出来了,那种疼呀,真是彻头彻尾钻心的疼！三是他辅食衔接得很好，四个多月的时候，就慢慢吃蛋黄了，从吃四分之一到现在已经能吃一整个小草鸡蛋了。粥、面也已经吃得很好了，小小毛孩子，能吃一小碗菜粥和烂糊面。如果再喝母乳，也没啥营养了，只不过是孩子恋母，过过瘾罢了！

这三个理由，足以让我下定决心给他断奶。到现在，颢颢已经喝了快一年的母乳了，这小家伙，长了八颗牙，母乳吸收很好，体重23斤，胖嘟嘟的，很是好玩。

但他爸是传统中医，又爱子心切，看我奶水又多又好，觉得断乳很可惜，让我再给他喝一段时间奶。为此，我们夫妇还发生了争执，我再也不能忍受奶头被颢颢当成磨牙棒，咬破出血后那种彻头彻尾钻心的疼了。他爸则坚持说，母乳是天底下最好的营养品，要我继续母乳喂养。

记得当时，我很恼火，指着被咬破的奶头对他爸嚷道："我做奶妈也快一年了，颢颢也喝足了，奶头被当磨牙棒咬，真是钻心的疼呀，你是站着说话不腰疼，要喂奶你喂吧，你试试看呀！"

他爸人到中年，有点发福了，挺着将军肚，一摊双手，气呼呼地说："我倒是想喂奶减肥呢，颢颢他不喝呀！我也没奶水呀！"又原地转一圈，嘟嘟哝哝地说："喂奶多好呀，一举两得，孩子可以喝奶，自己可以减肥！"他那着急的样子，好像真恨不得立马生出两个奶水充足的大奶头，供儿子随时喝奶呢！

他爸还是中医呢，气急了，竟会说出这样的话，真是又好笑又可气，我就是不理他，坚持要断乳。母乳在本妈身上，真要断了，他爸也是无计可施的。

坚持就是胜利，下定决心断奶吧！

一夜长大了

　　记得，断奶第一天正好是10月1号，我和颢颢基本被隔离开了，不让颢颢看见妈妈呀，否则，他又想喝奶啦。上午，我们夫妇到超市购物，下午我则避开颢颢，遛到门口的电影院去看电影。

　　上午，特别喜欢小孩的姐姐带着颢颢，给他喂过一小碗菜粥后，又准备了些好吃的小动物卡通饼干，带上温开水，推着小车，俩人在小区的花园里看鱼、喂鱼，玩得很开心。估计，颢颢根本就忘了喝奶这档子事了。中午，楼上外婆送来了颢颢最爱吃的番茄鸡蛋烂糊面，小家伙又狼吞虎咽地吃了一小碗。大概是玩累了，吃完，在大姐温柔的催眠曲中，很快香香地睡着了。

　　一觉睡到下午三点多，颢颢醒了，大概口渴了，想哭，大姐马上送上刚榨好的热豆浆，白白浓浓香香的，还放了少许糖，用奶瓶盛着给他，呵，小家伙不管三七二十一，小胖手一把抓过来，"咕噜咕噜"当奶喝啦！再配上他爱吃的奶油小面包，人间美味啊！吃饱喝足，大姐再带他下楼去兜风，她个子小，人很活泼可爱，做了很多怪模怪样逗颢颢，颢颢乐得合不拢嘴，"哈哈哈"地笑个没完，早忘记喝奶了吧？我躲在房间听音乐，也乐了！

　　六点左右，吃晚饭了。楼上外婆帮忙烧了一桌子好菜，有颢颢爱吃的草虾、鲑鱼、炒猪肝、肉糜炖蛋、豆腐、鸡毛菜等，还有一大锅草鸡汤，饭烧得香香软软的。我呢，仍然躲在房间吃喝，不让颢颢看见。

　　大家围着桌子，有说有笑，颢颢开心极了，一直缠着幽默的大姨抱抱，一边香香地吃着夹碎的草虾、鲑鱼、肉糜炖蛋拌饭等，嫩嫩的鸡毛菜给他，他也吃得津津有味，哈，那架势，真不想妈妈了，孩子到底是孩子呀！

吃好晚饭，他爸带颢颢去楼上外婆家玩了。大姐先休息一会儿，等着晚上"上夜班"，哄颢颢睡觉。八点多，颢颢回来了，不过，他已经在外婆的怀里睡着了，大概是白天太兴奋，玩得太累了，小家伙睡得正香呢。10月1号晚，大姐就和颢颢睡小房间了，颢颢长这么大，还是第一次离开妈妈的怀抱。

原来断奶并没有想象中的难呀！以前颢颢一天可是要喝N次奶，就像大人口渴了要喝水一样。我在隔壁的房间，和他爸闲聊，心里还在想着颢颢。奶涨得很厉害，整个胸部涨得像是抱了两个大足球，酸疼酸疼的。他爸帮我用医院带回来的芒硝敷上，又用"生大饼"（发酵过的生湿面饼）冷敷，同时我嘴里不时喝着焦麦芽茶，总算好些了。

一晚上，我断断续续地听到小房间传来三四次颢颢的哭声，又听到大姐哄他的唱歌声，不一会儿，也就安静了。

好几次我都忍不住想去看看，实在不放心，都被他爸拉住了。他说："不能去！你一去，颢颢看见你，又要喝奶了，前功尽弃，那不是折磨孩子吗？断奶就失败了！"我想想也是，原来，男人一旦下定决心做某件事，态度方法要比女人理性多了，也许，他还是有些不忍心看我被咬得疼痛的样子。

他爸不但是老中医，还属于上海最早的一批心理医生。或许，父子根本就心连心，儿子心里想些啥，做爸爸的最清楚了，还是知子莫若父！

辗转反侧、迷迷糊糊熬了一夜。第二天一早，大概七点多钟，隔壁房间又传来了愉快的歌声："叮叮当，叮叮当，铃儿响叮当……"我和他爸几乎同时从床上弹跳了起来，还以为是闹钟响了呢！

原来,颢颢醒了,又哭了,大概是想起妈妈了,大姨赶紧一边把准备好的热豆浆给他喝,还一边唱歌给他听,嘿,小家伙喝喝豆浆,伸伸胳膊,踢踢腿,马上不哭了,心情很好地"咿咿呀呀"跟着唱呢,又忘了喝奶这件事。他爸则赶紧准备菜粥去了。

如此度过了三天的"断奶"生活,我终于解脱了,颢颢安然无恙,他爸心里偷着乐!

第四天早上,大姐开心地说:"大家放心吧!断奶基本成功!颢颢真是好样的!"

啊!断奶成功啦!颢颢,你真棒!婴儿期顺利过渡到幼儿期啦!一夜长大了!我的小小男子汉!

第三章

1—2岁——成长的第一个逆反期

> "养不教,父之过。"初为父母,一切都得学习。每个孩子都不一样。父母养育儿女,看着他们长大,会很有成就感。父母不懂得孩子的要求,不给孩子表达清楚的机会,这样"代沟"就渐渐形成。孩子有问题却不能和父母很好地沟通商量,父母又一味地要求孩子盲目顺从,结果是孩子越来越"逆反"。父母应该正确理解孩子,学习探索教育孩子的良好方法,让亲子间的关系日益和谐,父母同时也成为孩子最好的朋友。

一、爸爸在左

1. 幼儿期中医保健

进入幼儿期,孩子起床后五件事,就是"吃喝拉撒睡",这可是关系到孩子健康成长的大事。同时，小儿的活动能力增强，活动范围扩大，虽然其体格生长、智力发育都很理想，但仍易于生病，需要做好保健工作。

宝宝饭量到底有多大？

宝宝胃容量有限，宜少食多餐。一日三餐，外加两三次点心。点心要适量，距正餐不能太近，以免影响宝宝的食欲。这个年龄段的宝宝挑食很常见，爸妈应该耐心地调整纠正，养成健康的饮食习惯。

2. 四时辨体捏脊疗法

根据四时节气的变化和儿童体质的不同，传统中医在捏脊疗法基础上增加推拿相应的穴位，创立了小儿四时辨体捏脊疗法，经多年研究实践，此法能有效预防儿童呼吸道反复感染，增强消化功能，达到强身健体的目的。

中医认为，儿童受四季气候影响易发病种也有所不同。中医将小儿体质分为正常质、痰湿质、内热质、气虚质、气阴两虚质等不同类型。临床中发现痰湿质小儿易患咳嗽、肺炎喘嗽、积滞、厌食等疾病；内热质小儿易患扁桃体炎、口疮等疾病；气虚、气阴两虚质小儿易患反复呼吸道感染、病毒性心肌炎等多种疾病。

小儿四时辨体捏脊法正是在捏脊基本手法的基础上，针对不同季节不同体质儿童的易发疾病，增加按揉相应穴位，以预防或减少各种疾病的发生，但患儿捏脊前需要确定体质。

具体操作方法：操作时，家长依次进行捏、提、搓、推、捻、放、按、揉八个动作，称为捏脊八法。其中前六法互相关联，需要连续不断地操作，后两法用以结束捏脊操作，起加强疗效的作用。手法是双手握空拳，沿脊柱两旁，用拇指指腹与食指、中指指腹对合，挟持肌肤，拇指在后，食指、中指在前。然后食指、中指向后捻动，拇指向前推动，边捏边从尾骶部开始向项枕部推移，一般捏到大椎穴，也可延至风府穴。

（1）不同年龄捏脊方法不同

出生两个月以内的宝宝，大人轻轻捏脊1—2遍，如果宝宝拒绝就停止；3个月到1岁的宝宝可以捏脊3—5遍；1岁到3岁的宝宝可以捏脊6—9遍。捏至最后一遍时每捏三次增加一个较重的提拉动作，简称"捏三提一"法。同时沿脊柱两侧的膀胱经进行操作，每侧反复操作5—7遍。3岁以上的孩子，除了上述捏脊方法外，也可以采用横式捏脊法：从宝宝背部一侧横捏到另一侧，从上往下，反复操作5—7遍。

（2）不同季节增加不同穴位

从立春开始，在常规捏脊的基础上加揉按肝俞、肺俞，以平肝防感冒；立夏起在常规捏脊的基础上加揉按心俞、小肠俞，以清心去火；立秋时在常规捏脊的基础上加揉按肺俞、大肠俞，以清肺止泻；立冬起在常规捏脊的基础上加揉按肾俞、膀胱俞，以补肾固阳。

（3）不同体质加揉不同穴位

痰湿质，在常规捏脊操作的同时加按三焦俞、脾俞以健脾化痰；内热质，加按肝俞、心俞、大椎以清热；气虚质，加按脾俞以健脾益气；气阴两虚质，加按脾俞、肝俞以益气养阴。

尽管捏脊疗法操作简单，但家长也要经过医生指导后再进行。捏脊在早晨起床后或晚上临睡前进行疗效较好，饭后不宜立即捏拿。背部皮肤有破损，患有疖肿、皮肤病时要暂停。该疗法适于半岁以上到7岁左右的宝宝。

3. 锌和钙，补多少？

（1）孩子过度补锌可引起贫血

在没有诊断锌缺乏之前，不需要预防性补充锌剂。最重要的是注重合理膳食，及时给宝宝添加辅助食物，食补是最佳的选择。蛋黄、瘦肉、鱼、动物内脏、豆类和坚果类含锌较丰富,从辅食中婴儿也能摄取锌。很多家长为了避免孩子出现发育迟缓、智力低下等问题纷纷给孩子额外补锌。但是如果补锌过量,可能就会影响铁等其他微量元素的吸收,导致缺铁性贫血。

(2) 孩子补钙存在的误区

1) 维生素D是营养品

有些家长知道维生素D可以帮助钙的吸收,因此经常给孩子补充维生素D制剂。事实上,维生素D制剂并不是营养品,过量服用后,长期积聚在儿童体内,会引起孩子食欲下降、恶心和消瘦等症状,并且患血钙和尿钙的概率也可能增高,肾、脑、心和肺等脏器也有可能异常钙化。

2) 配方奶粉钙不足

一般而言,6个月以前的婴儿每日需要300毫克的钙,6个月以后的婴儿每日需要400毫克的钙,而在配方奶粉里,每800毫克的奶粉已经有600毫克的钙含量,这已经足够满足一个正常婴儿每日的钙需求量。一般真正缺钙的孩子多数为早产儿或巨大儿,如此才需要补充钙制剂。普通的孩子其实不需要额外补钙。

3) 补钙就是多吃钙

补钙并不是多吃钙片。其实,体内吸收钙,有多种渠道。对于不明显缺钙的孩子可以通过豆制品、奶制品和鱼肉等食物来补充,并且要配合阳光的紫外线作用。上午10点和下午4点的阳光是最适合孩子的,经常晒太阳和参加户外运动可以促进钙的吸收。

二、"天心居"秘笈

1. 养生九字经

古有"三字经","天心居"有祖传的幼儿养生"九字经":"吃得下、睡得着、撒得出"。

吃喝拉撒睡，仍然是2岁左右宝宝的人生大事。

（1）身体发育：宝宝见风长

2岁过后，宝宝已经完全褪去婴儿的模样，变成幼儿了——脸部变得有棱角，下巴的形状也越来越有特色了。宝宝容貌的改变比身高体重的变化大得多。他逐渐强壮、灵活，身高与体重也稳定增加，不过，速度不如以前那么快了。宝宝的肌肉开始发育，脂肪逐渐减少，圆圆的腹部会瘦下来，柔软的胳膊和腿开始有力量了。

即使是宝宝的年龄相同，他们的体重与身高也都是有差异的。有的宝宝比较瘦，只要他以稳定的速度长大，父母就没有必要担心他的健康。一般而言，心情愉快、活泼好动、对周围环境充满好奇心的宝宝吃得较多，生活也更为有规律。

给宝宝提供安全的环境，增强他对运动和探索的兴趣。不要让宝宝长时间待在受限的空间里，如手推车、座椅、秋千和婴儿床上等，这些都会限制宝宝运动和探索的欲望。

（2）养成健康的饮食习惯很关键

1—2岁的宝宝，饮食习惯发生较大变化，他们的食物从以奶类为主转向混合食物。不过，宝宝的消化系统还没有完全成熟，家人需要给他提供营养丰富、适合其年龄的多种食物，帮助宝宝逐渐形成健康的饮食习惯。

宝宝会尝试自己吃东西，体验各种新口味。他们倾向于较单纯的味道，妈妈要努力提供多种不同口味的食物，帮助他们改变这种偏好。

宝宝的消化系统还没有完全成熟，要根据他们的生理特征与营养需求，提供营养均衡的食物，避免吃高热高糖的垃圾食品。

宝宝喜欢自己动手吃饭，有时甚至用手抓食物吃；到了15—18个月可以借助餐具吃饭。妈妈要给宝宝提供充足的机会，练习使用餐具。

2. 幼儿常用食疗方

（1）幼儿4种类型的腹泻食疗方

1) 伤食型腹泻食疗方

症状 宝宝有腹胀、腹痛，腹泻前哭闹不安的表现，大便酸臭且有未消化奶块，食欲减退伴有口臭。此情况多见于腹泻伴有消化不良的宝宝。

> **食疗方**
>
> 苹果（带皮）汤：取苹果一只洗净，连皮切碎，加250毫升水，加食盐少许，煎汤代茶饮。若宝宝超过1岁，可以吃苹果泥。

2) 风寒型腹泻食疗方

症状 宝宝大便稀薄多泡沫，颜色淡，臭味少，有腹鸣腹痛，或伴有发热症状。此情况多见于腹泻早期。

> **食疗方**
>
> 姜汤饮：取生姜10克，加水煮沸后加少许红糖，代茶饮。

3) 湿热型腹泻食疗方

症状 大便呈蛋花汤样，伴有少许黏液，发热伴舌苔厚腻。腹泻以此状况最多见。

> **食疗方**
>
> 乌梅葛根汤：取乌梅10只、葛根10克，加250毫升水，大火煮沸后改小火烧20分钟，去渣加红糖少许，分次饮用。

4）脾虚型腹泻食疗方

症状 腹泻长期不愈，宝宝面色萎黄，食欲减退，大便稀薄伴未消化块状物。多见于腹泻后期不愈的宝宝。

> **食疗方**
>
> 扁豆薏米仁山药粥：取扁豆50克、山药60克、薏米仁30克、粳米50克。将扁豆炒熟，与薏米仁、山药、粳米、少许盐同煮成粥食用。

（2）羊蹄根治小儿湿疹

小儿湿疹是皮肤科常见病，多发生于两岁内的婴幼儿，皮损主要发生在两颊、额部、头皮，个别可发展至躯干、四肢。因有阵发剧烈皮肤瘙痒症状，常引起婴儿哭闹和睡眠不安。

其方法是取羊蹄根100克，加水约800毫升，文火煮沸20分钟，待药汁凉后用消毒纱布湿敷患处，每日两次。将药汁加温浓缩敷涂患处也可，每日3次。多数患儿用药一周可愈，用药期间，注意不能让患儿食辛辣、鱼、虾、牛肉、羊肉等食物。

> **健康良方**
>
> 太子参6克、小红枣3枚，益气健脾，调好后天之本。然后，再根据具体状况，随症加减。
>
> 另外，焦三仙（焦山楂、焦麦芽、焦神曲）是小儿最常用之补品。

三、爱心加油站

1. "犟头倔脑"的两岁

两岁，是孩子成长的第一个逆反期（在英文里称之为 Terrible Two）。很多中国家长，尤其是隔代的祖辈们，不懂孩子的成长特点，片面地认为孩子"犟头倔脑"，很不听话，就是个坏孩子。这种想法扼杀了孩子的成长契机，甚至有的对孩子造成永久的伤害。

现在，绝大部分家长认为逆反心理是不好的，必消之而后快。实际上，逆反心理是儿童生长发育的正常表现。这一时期的孩子，语言智能和动作智能基本发展成形，开始具有永久记忆能力，精细运动进入构思建构能力发展关键期，大肌肉运动进入控制物体平衡能力发展关键期。从一个不懂事的小儿进入一个小大人阶段，孩子当然会产生点逆反心理。

因为，这时期的孩子开始产生强烈的独立意识倾向，有独立活动要求，一些明显不能完成的事一定坚持自己完成，特别地"犟头倔脑"。这段时间，只要不是原则问题，绝对不能用简单压服的办法对待孩子（生理上和心理上的暴力都要禁止），而要冷处理，转移孩子注意力。引导孩子知道什么对，什么不对，什么可以做，什么不可以做。随着孩子的成长，很多道理他自然会明白。

（1）孩子"闹独立"

中国是个传统的礼仪之邦，当家长的都希望孩子能永远听话。但事实上，每个孩子都有那么几段时间对成人的要求和安排不会一味服从，喜欢"闹独立"。这也就是我们经常说的孩子逆反心理。那么当你遭遇孩子逆反心理时该怎么办？

事实上，孩子在这个年龄只是追求自己的独立人格而已，并不像有些父母想的那样严重。只要父母指导得法，是完全可以顺利地度过这一"危险年龄"的。

(2) 父母怎么做

孩子的成长，离不开家长的关爱。一旦你的孩子进入了逆反期，你就必须注意了，紧不得，松不得。紧了，会让孩子失去成长的机会，长大会变得怯弱，影响其独立自主的意识发展；过松，孩子又会变得无法无天，将来真是无法管教了。中医学认为，万物康健的核心在于平衡和中庸，所谓执两端而取中庸，中庸的关键在于对于两端的尝试，而此时的逆反，和以前的听话就是两端，两端做好了，中庸便不再是僵死的，而是智慧的。

2. 巧方法解逆反"疙瘩"

中国有的父母"家长制"作风严重，不考虑孩子的想法和观点，管教孩子时往往粗暴地要求孩子不许这样那样，容易与孩子产生情绪上的对立。有些家长在面对孩子的这种行为时，教育方式不是很一致，有时候会忽略孩子的破坏行为，没有让孩子及时认识到自己的错误，有时候又过分严厉，对孩子粗暴责备甚至是体罚。这种不一致的教养方式常常使孩子无所适从，不知道对错。长此以往，更容易造成幼儿的逆反心理。

家长应采取民主、平等、尊重、包容的教养方式，合理利用逆反心理有利的一面，促进孩子健康成长。对待处在逆反期的宝宝不能采取硬碰硬的方式，这样只能让他的逆反心理更加强烈。父母过分激烈的反应会给他一个错误的感觉，即当他说"不"的时候，他能得到父母更多的关注，因此，他会更多地使用这种方式来吸引父母的注意。逆反是每个宝宝都会经历的过程。科学的早教方法指出，对待逆反期的孩子，要用不同的方法解开孩子的逆反的"疙瘩"。

和孩子来点小幽默；陪他们游泳、游戏；让孩子参与并融入家庭生活；为孩子树立好榜样；走入孩子的内心，和孩子做好朋友；一起拥抱大自然，在大自然中释放，在大自然中成长等，都是正确的教养方式。

四、妈妈在右

"小明星"变成"小霸王"

自从1岁顺利断奶后，颢颢一直是身体棒棒、睡觉乖乖、吃饭香香的。他喜欢看图画书、听妈妈讲故事，每天晚上临睡前，颢颢都要听妈妈讲一个小故事，讲着讲着，颢颢就香香地睡着了。长长的睫毛，像是一把精致的小扇子，盖着他的大眼睛，真是可爱至极！朋友们都羡慕我生了这么健康阳光可爱的孩子，颢颢简直成了身边小弟弟、小妹妹学习的榜样了！作为颢颢的父母，我们也觉得得到了老天的厚爱，人到中年，还有了这么阳光健康的好孩子。

这种幸福的时光一直延续到18个月时，我们送他入托。托儿所的老师们也表扬他说，颢颢真是个生活习惯非常好的乖孩子。托儿所的所长君老师及班主任俞老师也说，颢颢真不愧是医生和记者的后代，智商高，情商更高，嘴巴甜甜，看见老师就会奶声奶气地笑眯眯地叫："老师好！"老师还表扬我们教子有方。颢颢好像真成了人见人爱的"小明星"！

可是，好景不长，在颢颢过完他两周岁的生日之后，原先乖巧听话的他真像变了一个人，简直就是蛮不讲理的"小霸王"。他的脾气越来越大，动不动打人咬人，还学会了骂人，摔杯子、玩具等。他还要妈妈抱，并且，非妈妈抱不可，不要爸爸抱。后来，我手腕处的肌鞘炎复发了，疼得不得了。但，颢颢还是固执地要妈妈抱，否则，马上躺在地上，成了"坐地炮"！你去拉他，他马上哇哇大哭，还朝你吐口水！

最让人无法忍受的是，颢颢白天玩得太兴奋，晚上就不肯睡了，你越是着急，逼他睡觉，他越是不听，一会儿要玩"乐高"积木，一会儿要看《穿靴子的猫》，一会儿要听英文歌曲，一直搞到十点左右，筋疲力尽了，还吵着要妈妈抱一会儿，才肯慢慢睡。一旦放下，马上又哇哇大哭！

更让人崩溃的是，一周总有一两个晚上，他半夜里醒来，闭着眼睛，吵着要妈妈抱，说要去坐观光车！他爸想帮忙抱抱他，他大叫："不要爸爸，爸爸走！"我累得眼皮都睁不开，好几次，抱着他，站不稳，差点摔倒。我被他折腾得实在受不了，就动手打了他，这下可好，他"哇"地哭开了，一哭至少要半个小时，我们住的是石库门老房子，不隔音，左邻右舍都被他吵醒了，我们只好白天忙着打招呼，很是难堪。

一开始，我和他爸真是束手无策，又气又急，焦头烂额，烦躁不安！我们有一种强烈的挫折感、失败感！育儿书也没心思写了。

这孩子，会不会神经不正常？会不会生啥怪病呀？做为中医，孩子爸爸专门研究睡眠、失眠，又是上海最早懂心理的医生，好像有点"职业病"，马上想到了焦虑、抑郁等。有一天晚上，被颢颢闹得头昏脑涨了，他也实在憋不住了，半夜里电话咨询他的同学——沪上知名的儿科专家。

对方笑了，淡淡地说："孩子很正常，正在成长呀，1到2岁，这是孩子第一个人生逆反期，一定要注意正确的方法，好好疏导吧！"

"Terrible Two"？人生第一次逆反

第一次听说，这么小的孩子也有逆反期！他爸当夜起床翻儿科心理健康方面的医书，我则打开电脑，狂搜关键词："2岁"、"幼儿"、"逆反期"、"身心健康"、"调适方法"……

我们查看了很多资料，也学习了其他妈妈对待孩子第一个逆反期的方法，真是受益匪浅，摘录如下：

国外的妈妈们当听到孩子对自己说"不"的时候，会兴奋地跳起来，因为，她们认为这是孩子成长中的一个标志，说明自己的孩子是健康成长的。而孩子唯唯诺诺、百依百顺并不是好现象，长大以后他可能会成为问题少年，用制造麻烦代替说"不"。

在美国，孩子两岁被称为"Terrible Two"，大概就是说这个时期的孩子难缠、不听话。我想作为父母，我们首先要对孩子的行为规范划出一个底线。什么样的"逆反"行为、"独立"意识是允许的，什么是不允许的。我想只要孩子的行为不危及安全，不会对今后的行为举止产生不良的影响，则可以采取不制止，但适当地给予引导的方法，帮助孩子度过这个时期。过分的呵斥会让孩子失去自信，而过分的干预，也会让孩子产生太多的依赖。

逆反是幼儿心理发展过程中必然出现的心理现象。随着幼儿年龄的增长，尤其是语言和思维能力的发展，他们的社会实践能力以及经验和活动范围都在发展变化，他们对周围的环境和事物有了更强的控制感和认知感，独立性越来越强，对许多事情都产生了"自己动手"的愿望。但父母往往会认为孩子年龄小，做事速度慢，所以经常包办代替，给孩子制造了许多限制，"不行"、"危险"、"不准"这些话时常在孩子的耳畔响起。幼儿希望自己的行为得到认同，希望自己的独立活动不受到限制和干涉。为了不失去表现的机会,他们只有反抗了。

孩子的否定性行为表明了孩子开始产生自主意识,试图了解周围的环境,建立自己的好恶观念,表达个人的需求。两岁左右的孩子开始学习思考问题,开始形成自己处事的方法,并希望按照自己的方式做事。这时,身体的发育使他们可以通过动作表达反抗,抵制自己不喜欢的东西。

到现在,我终于明白了"Terrible Two"这个说法是什么意思了,真是"可怕"的两岁!

这个年龄的"可怕",是因为孩子进入情感发展阶段,他们的自我意识开始萌发,具有独立做出选择的冲动。然而,限于他们不能像大人一样用语言表达,只能把喜怒哀乐写在脸上。他们经常会反抗大人的决定,变得非常难缠,喜欢和大人作对,叛逆倾向明显。3岁是形成影响孩子一生的性格的关键时期。因此,也有幼教专家把此阶段称为"人生第一个青春期"。这种"反抗精神"是孩子进入一个新阶段的里程碑,父母要"疏导",而非"管教"。我们逐渐也认识到这是孩子成长过程中必经的阶段,是语言和思维发展进步的表现,此时的孩子由顺向思维发展到逆向思考。

这种"疏导"工作的技巧在于,不能执拗地要求孩子最终服从自己,这样只能让孩子变得更倔强。先要冷静分析孩子发脾气的原因,在合理的范围内给孩子自行"选择"的权利,和孩子进行平等的"谈判",必要的时候也要做出适当的"妥协"。这样,会让孩子学会"如何抉择"、"对抉择负责"、"尊重他人的意见",以及人生中重要的一课——"退让"。当然,如果要求确实无理而孩子一再坚持的话,就采取冷处理态度,任他哭闹个够。

这时的关键在于要全家采取一致的态度，冷处理孩子的不合作言行，在原则问题上，决不让步，让孩子慢慢明白被冷处理、不理睬的原因，然后，再因势利导地继续"疏导"!

好妈妈　坏妈妈

颢颢很喜欢妈妈的怀抱，尤其是要睡觉的时候，他就会赖在妈妈温暖的怀抱里，听妈妈唱着轻柔的催眠曲："摇啊摇，摇到外婆桥……"嘴里还会喃喃自语："好妈妈呀，睡觉啦……"不一会儿，就香香地睡着了。

有一次，和同学聚会。几个女同学都因为结婚生子，好久不聚了，大家难得碰头，聊着聊着就晚了。等我匆忙打车赶回家，已经九点二十分，早过了我答应回家陪他睡觉的时间。

进了小区，远远地，我就看见隔壁邻居奶奶抱着他，在家门口的拐角处张望呢。我赶紧迎上去，伸手抱他，他却不理我，拿小屁股对着我，还说："坏妈妈，坏妈妈!"我知道他是生气了，正发脾气呢！当着邻居的面，我虽然自知理亏，但还是摆起家长的架子，板起面孔教育他："颢颢怎么可以骂妈妈呢？快跟妈妈说'对不起，我错了'!"平时，他要是做错了事或摔坏了东西，我让他说这句话时，他很快就说了，但那天，他却坚决不说。我挠他痒痒想逗他笑，他也不笑，委屈得眼泪都流出来了，还是坚持说："坏妈妈，坏妈妈!"

奶奶也帮腔说："妈妈答应颢颢八点半回家的，迟到了，是妈妈不守时，怎么还要颢颢说'对不起'呢？应该是妈妈说'对不起,我错了'!"他看着奶奶,好像听懂了,直点头。我想想确实是自己错了,只好对他说:"对不起,我错了,妈妈下次一定不迟到,早些回家陪颢颢睡觉。"他听了,终于破涕为笑,伸出两只小胳膊搂住我的脖子,开心地说:"好妈妈呀,睡觉啦……"

丁零零!上课了!

颢颢遗传了爸爸妈妈爱看书的好习惯。不管我们工作多忙,每天吃完晚饭,带他在苏州河边散步回来后,只要听到他爸爸说:"丁零零!上课了!"他就要跳到妈妈的身上,坐在妈妈的腿上看图片,还要妈妈按照图片内容不停地讲故事给他听。他爸爸也坐在旁边读报纸看电视,因为颢颢随时会抓住爸爸问,这个是什么呀?妈妈的回答和故事他不满足了,他还要听爸爸再讲新的说法呢,反正,要我们俩都"陪读"呢!为了孩子的智力发育,为了养成孩子读书的好习惯,我们夫妻就乐此不疲地成了颢颢"十万个为什么"的指导老师!

有一次,我感冒了,发热还咳嗽,就和颢颢商量说:"妈妈生病了,咳嗽了,讲不了故事了,让爸爸讲吧!"

到底是孩子,他不懂事,不依不饶地学着爸爸说:"丁零零!上课了!妈妈讲故事喽!"我当时真的很累,又怕感冒传染给他,就不耐烦地对他说:"颢颢真不懂事,妈妈累了,睡觉了,你坐爸爸腿上,爸爸讲故事吧!"然后,我就关上房门,准备睡一会儿。这下可好,颢颢哭了,一边哭,一边用小手敲门说:"丁零零!上课了!妈妈讲故事!"我在房间躺着,不理他,实在是太累了。

只听见外面他还在敲门闹着,大概一刻钟后,他的老中医爸爸终于看不下去了,来教育他说:"颢颢长大了,要懂事,妈妈生病了,爸爸给你讲故事,你看,这个小白兔的妈妈也生病了,小白兔很乖,还把最好吃的青菜留给妈妈吃呢!"哈,还真灵,不一会儿,听不到颢颢吵闹的声音,我刚吃了感冒药,迷迷糊糊睡着了。朦胧中,看见颢颢推门进来了,他手里还举着两棵小青菜,走到我床边,叽里咕噜对我说:"妈妈吃青菜,小白兔最喜欢的青菜!"哈,这个小家伙,现学现用小白兔的故事,送青菜给妈妈吃呢!

小孩子爱看图片,爱听故事,做父母的就要好好引导他们,寓教于乐,既看图说话听故事,又学会做人的道理,何乐而不为呢?

第四章

2—3岁——父母是孩子最好的老师

> "教不严，师之惰。"在日常的家庭和学校教育中，如果父母的意见和老师不统一，最难受的还是孩子。教育的一致性是家庭学校教育的基本原则之一，父母和老师应经常探讨如何正确教育孩子，把教育态度、方法及对孩子的要求统一到正确的轨道上，默契配合，同心协力，使孩子身心向着健康的方向发展……

一、爸爸在左

1. 2—3岁幼儿发展特点

（1）强烈的好奇心和同伴关系的发展

3岁儿童对新鲜的物体、情景和问题有浓厚的兴趣。他们的社会交往活动已不限于家人之间，而是扩展到和同伴的关系上，他们很喜欢和其他小朋友一起玩，也愿意和同伴合作。

（2）由行为和动作引起思维活动

大量观察研究发现，3岁的儿童总是先做后想或是边做边想，而不能做到想好后再做。3岁儿童听故事时，喜欢伴有动作表演，边看边演，这些特征都是其思维活动与动作不能分离的表现。

（3）行为受情绪支配

3岁儿童的心理活动受情绪支配明显，他们还不能用理智支配行为。儿童对感兴趣的事物或活动会表现出积极的情绪，有了这种情绪就会激发其活动的积极性。这是儿童情感发展在这个阶段的正常表现，尤其是在儿童初次入园时，家长和幼儿园双方共同努力，就可以慢慢地帮助儿童消除与亲人分离的焦虑情绪。

（4）喜爱模仿

3岁以后，儿童的模仿意识非常突出，他们模仿的多是一些具体的、外部的活动或动作。他们觉得自己已经长大，有能力了，所以成人做的事情都会触发他的新鲜感，他们都想去尝试一下，模仿大人来学习。

2. 幼儿补钙食谱

钙是促进宝宝骨骼和牙齿生长发育的主要矿物质，2—3岁的宝宝正处在骨骼发育关键阶段，补充钙质非常重要。对宝宝来说，奶类是钙质最好的来源，一般这个年龄的宝宝每天应保证吃到400毫升以上的牛奶。另外，食品中如虾皮、紫菜、豆类等钙的含量也都较高。下面介绍两种适合2岁宝宝的补钙食谱：

食谱

（1）香椿芽拌豆腐

原料：香椿芽150克，豆腐250克，精盐、香油适量。

做法：选嫩香椿芽，洗净后用开水焯5分钟，挤出水切成细末；把盒装豆腐倒出盛盘，加入香椿芽末、精盐、香油拌匀即成。

功效：此菜清香软嫩，含有丰富的大豆蛋白、钙质等营养，很适合宝宝食用。

（2）虾皮紫菜蛋汤

原料：虾皮100克，紫菜50克，香菜5克，鸡蛋1枚，姜末、葱花、香油、盐、水适量。

做法：虾皮洗净，紫菜撕成小块，香菜择洗干净切小段，鸡蛋打散备用。用姜末炝锅，入虾皮略炒，加水适量，烧开后淋入鸡蛋液；随即放入紫菜、香菜，并加香油、精盐、葱花适量即可。

功效：此汤口味鲜香，含有丰富的蛋白质、钙、磷、铁、碘等营养成分，对宝宝补充钙、碘非常有益。有过敏体质的小孩慎食。

二、"天心居" 秘笈

1. 幼儿防感冒"汤"

俗话说，常服葱白汤，不用医生开处方。葱白头带须3—5根，煎汤代水，饮服，能防治婴幼儿感冒。

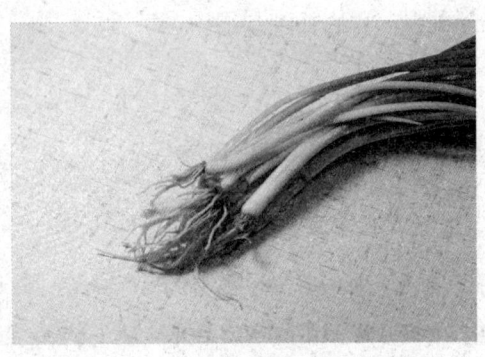

葱根须

2. 幼儿祛痱方

夏日炎炎,痱子扰人,尤其是幼儿多发此种不适,清热利湿可调治此症。

(1) 祛痱蔬果

西瓜、黄瓜和生姜

西瓜、黄瓜、生姜能清热解毒,防治痱子。在夏季可适当给宝宝吃这些蔬果,此外,将西瓜皮洗净,给宝宝擦在长痱子的地方,有祛痱的作用;黄瓜有清热利尿、解毒消炎的功效,除了入菜榨汁外,也可以把鲜黄瓜皮涂擦生痱子的地方,起到消炎、止痒的作用;适当在宝宝的饮食中加一些生姜,起到解毒、消炎、祛湿、活血的功效,可以防止痱子继发感染。另外,将姜片涂擦患处,能治痱子。

(2) 祛痱经典食谱

1) 冬瓜汤

取冬瓜60克,洗净,切成块,加水煮汤,饮用。此汤具有清热作用。

2) 百合薏米绿豆汤

取新鲜百合9克、薏米仁15克、绿豆30克。洗净后,同放入砂锅中,加水,煮到绿豆开花,饮用。此汤具有清热解毒作用。

3) 金银花汁

取金银花10克,加水小火煮20分钟,饮用。此方具有清热解毒作用。

3. 幼儿经典药膳

(1) 山药胡萝卜粥

原料:山药、胡萝卜、米适量。

做法:把山药、胡萝卜洗净去除根须加适量米,放入蒸锅内蒸熟蒸烂,取出晾凉,捣烂成泥。如果幼儿喜吃甜食也可加适量白糖。

功效:健脾消食开胃。

(2) 孩儿参脊肉粥

原料:孩儿参15克,猪脊肉100克,粳米100克,食盐、香油各少许。

做法:先将猪脊肉洗净切成小块,放锅内用香油炒一下,然后加入孩儿参、粳米煮粥,待粥将烂熟时加入盐调味,再煮沸即成。

功效:益气健脾强身,可防治小儿贫血。

4. 小儿消积良方

小儿消化不良,挑食是临床常见症状,一方面是体质因素所致,更主要的是后天不良习惯养成的。根据家传和临床心得,我们总结出消积方一则。

食疗方

取孩儿参 9 克、怀山药 12 克、鸡内金 6 克、焦山楂 9 克、焦麦芽 9 克、莱菔子 6 克、生米仁 9 克、佛手 3 克、生甘草 6 克，煎汤。

此方健脾和胃，消食导滞，用于小儿食积，停乳停食，大便秘结，腹部胀满等。每日饭后 1 小时服用，日服 2—3 次。

友情提醒：

孩儿参是一味用于婴幼儿益气健脾之良药。

孩儿参

三、爱心加油站

1. 肛门期性格

1.5—3 岁，对应于弗洛伊德成长阶段论的肛门期。

在此阶段，儿童已经掌握了许多技能，他们会爬、会走，行动力有了很大的提高，语言也开始发展起来。与此同时，儿童对事物也有了一定的控制力，迫切想决定自己做还是不做某些事情。于是，儿童自己的意愿和父母的意愿便会出现矛盾冲突。

父母会按照社会俗约的要求对儿童的行为进行管教，另一方面又不能伤害儿童的自我控制感和自主性。因此，在这一时期，父母在教育孩子时，度的把握显得尤为重要。如果父母对孩子的行为限制过多，孩子就会对自己的行为不自信，甚至感到羞怯。持久的良好愿望与自豪感来自没有丧失自尊的自我控制感，持久的动辄爱疑虑和爱羞怯的倾向，则来自丧失自我控制感和过度的外部控制。

在这个阶段，儿童如果能够较好地形成个体自主性，并能克服羞怯和疑虑带来的消极体验，那么就会形成积极的意志品性。

2. 家庭教养方式对幼儿的影响

家庭是儿童生长的摇篮，是儿童心理素质形成的最主要的场所。而家庭教养方式是家庭诸多因素中影响儿童身心发展的重要因素。育人如同育树："能顺木之天，以至其性焉尔。"根据对不同类型的父母教养方式的阐释，研究者利用"关爱"与"权威"两个向度交互组合成四种主要的教养类型，即民主权威型、绝对权威型、娇惯溺爱型、忽视冷漠型。

（1）民主权威型教养方式

民主权威型的学前儿童家长给予孩子适度的关爱与限制，能以平等的身份与孩子进行交流与沟通，并能接纳孩子们合理的意见和想法。他们互相尊重，彼此体贴、关心。孩子虽小，但也和大人一样，自尊心很强，父母应像对待大人一样尊重他们的权利和需求，尊重孩子是家庭教育的首要原则，以理服人，才能使孩子形成健康的心理。

(2) 绝对权威型教养方式

绝对权威型的家长给予学前儿童很少的关爱,儿童受到极大的限制。父母往往一味地按照自己的主观意愿行事,要求孩子绝对地服从。在这种家庭里,从早到晚都弥漫着"火药味"。父母根本不从孩子的立场考虑问题,早已习惯了对孩子发号施令。他们往往把自己的主观愿望强加到孩子的头上,全然不顾孩子们的感受。

(3) 娇惯溺爱型教养方式

娇惯溺爱型的学前儿童家长,将自己的感情以及物质全部投入到孩子身上。过分宠爱,处处袒护,事事包办,这样做会给孩子的身心发展带来不利的影响。

(4) 忽视冷漠型教养方式

忽视冷漠型的学前儿童家长给予孩子较少的关爱和限制,大家彼此互不关心,放任自流,任其发展。在这种家庭里成长的孩子,从小缺乏父母的关爱,家长无视孩子的健康和需要,并且与孩子缺乏交流沟通,久而久之,孩子幼小的心灵将会受到极大的伤害。

> **温馨提示:家庭氛围营造措施**
>
> 家长应从以下几方面来营造一个适合孩子成长的和谐的家庭气氛:①父母给孩子真挚的爱,观点一致,担起共同教育孩子的义务;②言传身教相结合;③坚持人格的平等;④理性关爱和要求适度相结合。

3. 中国孩子最缺乏的教育

因为国情的不同,中国孩子接受的教育和外国孩子也是不一样的。实际上,小孩与老人一样需要陪伴,父母的陪伴,是最好的教育。

（1）缺乏爱心和责任心

父母们有必要向孩子说明，亲切有礼地待人接物与学业方面出类拔萃同样重要，并且，从小要养成对任何事情负责的态度。那些在情感方面得到培养的孩子，情感智商往往出众，他们拥有较高的协调自己与他人需要的能力，这类人更健康快乐。

（2）缺乏表扬和鼓励

我们都知道表扬能使人充满信心，过多的批评会导致孩子自责自卑，养成胆小怕事的性格。大人应该适度对孩子的良好行为习惯予以表扬强化，促进他们健康成长。

（3）缺乏陪伴和关怀

鉴于高考激烈的竞争，父母通常关注所谓更重要的事——充分利用孩子们的业余时间，辅导功课。然而，在我们这个生活节奏紧张的社会里，孩子们渴望的不仅仅是这些，他们更希望与父母一起共度美好时光。

4. 幼儿入园须知

（1）尊重孩子的差异性

每个孩子的性格是不一样的，有些孩子天生开朗，有些孩子是慢热型的。千万不要拿自己的孩子跟别的孩子比。

孩子从一个以他为中心的环境——家，转到一个陌生的环境，势必有个适应的过程，要给孩子适应的时间。

（2）孩子希望交流

另一个容易造成困扰的问题是，孩子希望交流但又不懂得如何融入集体。常见的有两种情况，一种是躲在妈妈后面，或者推妈妈："你去问问他们愿不愿意和我玩。"另一种是上前用推搡的方式接触其他孩子，或直接去抢玩具。

对于前一种，千万不要指责。对孩子多些鼓励，可以带领他试着和陌生人交流。后一种也是正常的，不过需要引导孩子正确的交流技巧。和孩子确认"我的"和"别人的"概念。大人要尊重他的所有权，也要让他树立"别人的东西，要经过别人的允许才能动"等规则意识。

（3）**不可或缺的告别仪式**

大部分孩子在入园之初都会哭闹。家长不要看到孩子哭闹就束手无策，甚至被孩子的情绪所感染，也严重地焦虑起来。

家长可以告诉孩子："宝宝上幼儿园，妈妈去上班。""需要什么随时和老师说。""妈妈晚上来接你。"告别仪式要简短，家长的态度要平静，以信任的态度将孩子交到老师的手上，让孩子感觉老师也是他可以依靠的人。

（4）**孩子入园必需的心理准备**

入园前，家长可以带孩子去选择的幼儿园看看，让孩子找到他喜欢的玩具或其他东西，可以让他先熟悉一下环境。家长还可以给孩子读与幼儿园相关的绘本，引起孩子对幼儿园生活的兴趣。孩子有哭闹属于正常现象，属于分离焦虑情绪的表现，家长要接纳孩子的情绪，但态度要坚决，慢慢地孩子会适应。因此，入园前孩子需做好以下心理准备：

① 让宝宝知道为什么要上幼儿园；

② 参观幼儿园，让宝宝知道幼儿园是个什么样的地方；

③ 让宝宝了解上幼儿园的好处；

④ 培养好的生活习惯，调整作息时间，与幼儿园基本一致；

⑤ 让宝宝知道每天爸妈都会去接他，爸妈很爱他；

⑥ 让宝宝知道老师像妈妈一样爱他，要信任老师。

四、妈妈在右

妈妈,不要"家规"哦!

快三岁的颢颢实在是太调皮,一会儿不小心摔坏了杯子、碟子,一会儿又不当心擦破了头,脑门上、额头上经常会出现"w",他自己则马上跑到妈妈面前说:"妈妈,痛哦,痛哦,'w'又出来啦!"做妈妈的当然首先心疼他担心他碰坏了,也怕杯子、碟子等会划破他的小手。

俗话说:"没有规矩,不成方圆。"于是,我这个当妈妈的想到了古训,又想到教育专家东子老师说过,小孩子一定要从小立"家规",才能成才。颢颢的外公也说,我们太宠孩子了。因为春节期间,外公曾看到他皮大王般满屋子追着狗跑,一刻不停。想来想去,确实应该给颢颢立"家规"了!我和他爸爸商量,决定给他先立以下六条"家规":

1. 早睡早起(早七点半起床,晚八点半睡觉);
2. 多吃主食饭菜,少吃糖果、点心等零食;
3. 不许撒谎,不许骂人、打人;
4. 不许缠着要大人抱;
5. 要自己睡小床;
6. 尊重长辈、老师,见人微笑打招呼。

然后,我们夫妻决定要保持立场一致,一方在给颢颢立"家规"的时候,另一方不许袒护。晚上,我们读"家规"六条给他听,说只要颢颢遵守"家规",爸爸妈妈就有奖励,奖品是他喜欢的小红花或五角星，还有他最爱吃的甜橙。当时，颢颢正玩得开心，一边吃着新鲜的甜橙，一边点头，满口答应："好好好！"

立"家规"的第二天，一大早，闹钟响了，七点半，起床时间颢颢还在呼呼大睡，因为头天晚上他玩得太兴奋，跟着爸爸在客厅看电视，快十点才睡觉。我为了遵守"家规"，把两个手机的闹钟铃声都调到最大，尤其是给新手机设置的铃声，干脆响亮，像是起床集结号！颢颢吓了一跳，闭着眼睛跳起来说："大闹钟，不要吵啊！不要吵啊！妈妈来啊，再睡会儿吧！"我当然不肯，说："颢颢昨晚答应妈妈的呀，要早睡早起哦！"说完，我就去拉他起床，颢颢可不依了，小脑袋仍然往睡袋里钻。我一看不行，一边拉他起来，一边又说："颢颢要听话，我们说好要有'家规'的！快些起来，妈妈奖励五角星！"颢颢哪里肯听，挣扎着从我怀里逃出来，还是闭着眼睛，大叫道："妈妈，我不要'家规'！要五角星！"唉！真是又好气又好笑，我只好强行把他拖起来，小家伙还是不依，又吵又闹了一刻钟，后来，我抱着他哄了一刻钟才罢休！看来，这早睡早起的第一条"家规"没立好，基本失败啦！想想后面还有五条"家规"，又该怎么执行下去呀？

回过头来想想，也真是，我们做家长的，心里觉得确实要给孩子立些"家规"，但自己做得如何呢？他爸爸喜欢看电视，颢颢也喜欢热闹，跟着爸爸，一边玩，一边吃甜橙，一边看电视。我怕他缠着要抱，躲在房间看书，一看九点过了，赶紧叫他进房间睡觉，小家伙玩得正起劲，哪里肯？看来我们做父母的，应该事先给自己立好"家规"：做爸爸的少看或不看电视，做妈妈的也不要躲起来看书,父母配合好,让孩子八点后不再玩闹,听点轻音乐,讲讲宝宝临睡前爱听的故事,争取让孩子八点半准时入睡,那样,孩子早上才能七点半准时醒来,因为幼儿的睡眠时间本来就要比成人多,一般3岁前的幼儿最好能保证一整天有15个小时以上的睡眠时间。做父母的不言传身教,不以身作则,又怎么能教育好孩子,更何谈立"家规"呢?

我父母立的"家规"

再想想我父母从小就给我们兄妹三个立下了"家规",尤其是军人出身的父亲,特别严厉,做事的风格雷厉风行。小时候,只要父亲发火了,我们兄妹仨就吓得大气也不敢出一声。可怜天下父母心,做父母的当然望子成龙、盼女成凤,但如果不言传身教、科学教育,又怎么能培养人中"龙凤"呢?对照以前父母给我们立的"家规",两代人立的家规竟然有很多相似之处。比如:

1. 早睡早起,起床后锻炼一刻钟;
2. 尊重长辈和老师;
3. 不能撒谎,不许骂人、打人;
4. 要多吃主食饭菜、不吃零食;
5. 大带小,兄带妹,姐带妹;
6. 从小独立,多动脑子,自己的问题自己解决。

父母给我们立的家规让我们从小就学会了早睡早起，积极锻炼身体，养成了很好的生活习惯；而独立自主，尊老爱幼，学会做人，使我们兄妹身心得以健康成长。当然，首先是爸爸以身作则地早睡早起了，一条条的"家规"才真正立了起来！

静心反思之余，耳边仿佛回响着颢颢奶声奶气背《三字经》的声音："人之初，性本善，性相近，习相远……养不教，父之过，教不严，师之惰……"为人父母，累并幸福着，更应该言传身教、以身作则，才能真正树立起有效的"家规"。

五角星，亮晶晶

某天，我去托儿所接颢颢，快四点半了，小朋友都被家长接回去了，我在一楼就叫："颢颢，妈妈来啦！"远远地，就听见颢颢清脆响亮地回答："妈妈，颢颢下楼啦！"当我急急忙忙冲到二楼时，颢颢正从三楼往下走，小家伙很开心的样子，摇晃着小脑袋，一边走，还一边唱："啦啦啦！我是卖报的小行家，大风大雨里满街跑，一边跑，一边叫：'今天的新闻真正好，一个铜板就买两份报！'"哈，颢颢成了小小卖报童了呀！

看到我，他马上飞扑过来，抱着我说："妈妈，你看，五角星！"我一看，呵，颢颢的额头上贴了一个亮晶晶的五角星，他挺起小胸脯，再次向妈妈强调说："俞老师奖励的，红颜色的五角星哦！"那样子，像个凯旋归来的小战士，非常光荣骄傲！

跟在他后面的俞老师解释说："颢颢今天表现特别好，吃得好，睡觉乖，和同学一起做游戏，还帮老师擦桌子呢！所以，老师表扬了他，还奖励了红色五角星！"哦，原来是这样呀，难怪小家伙今天特别开心呢！受了老师的表扬，还奖励了红色的、亮晶晶的五角星，这在小孩子的心里，是多么光荣与开心的事！

俞老师还告诉我，其实，小孩子也很注重精神奖励，在她们班级，表现最好的小朋友，就奖励红色的、亮晶晶的五角星。结果，孩子们为了争取奖励到五角星，争先恐后地想表现得更好。亮晶晶的"五角星"成了评判孩子们言行举止的标尺了！

这种方法在当今的心理学中也可称为代币制疗法，它的基本原理是遵循斯金纳的操作条件反射理论，系统运用强化、惩罚、消退等方法来增加某些适应性行为，减少或消除某些不适应性行为。它也是应用强化物来操纵人的行为后果的方法。这里的强化物就是亮晶晶的"五角星"了！有的托儿所或幼儿园会用其他的强化物，比如小红花、自制的贺卡等。这种方法简单有效，成本低，家长老师容易操作，孩子也容易接受，对改变小孩子的一些不良习惯，如打人、骂人、睡懒觉、挖鼻子、尿床等，有很大的作用与效果呢！

所以说，家长千万不要老是用物质奖励孩子们，现在的经济条件好了，孩子又大都是独生子女，有些家长动不动就奖励孩子金钱或玩具。尤其是老年人，只要孩子不哭不闹，听话就奖励孩子巧克力、糖果等，结果是小孩子吃坏了牙齿不算，在物质奖励的诱惑下，小孩子不但没有改变一些不好的习惯，还变本加厉地索求更多的物质奖励。

听，健康快乐的颢颢又在唱了："五角星，亮晶晶，我到北京看星星……"

运动着,快乐着

生命在于运动,一点不错。颢颢爱吃爱玩,也爱运动。

这小家伙继承了妈妈活泼好动的性格,记得他还在妈妈肚子里的时候,就喜欢动来动去,还翻跟斗呢!那时候,我就在想,这孩子,喜爱运动,是不是像个小皮猴呀?等他出生后,这活泼好动的性格就越来越明显啦!月子里的小毛孩一般都是安静睡觉多,可是,颢颢就不是,他可不会安安静静地睡大觉,尤其在他刚喝完奶后,他会不时地摇晃着他的小脑袋,一会儿左,一会儿右,像是在做头颈操呢!

或者,在小摇篮床里睁着大眼睛,努力地向外看着,10米、30米、50米,哈哈,如果他看到妈妈手里红色或绿色的圆球,就会咧开没牙的嘴,"咯咯"地笑,紧接着,就运动起小手小脚来,哈哈,那样子,真像一只可爱的小青蛙呢!

等到他六个多月的时候,小摇篮床已经不能满足他的运动欲望了,他开始喜欢户外运动了!阳光很好的时候,我就用小车推着他,到楼下的儿童乐园去玩,这下他可开心了,大笑着,雀跃着,两只小手用力地挥舞着,小脚则不停地踢着小车的踩脚板,像只快乐的小鸟,想挣脱推车的束缚,自由飞翔!

俗话说,七坐八爬,颢颢不到八个月,就爬得很好了。这家伙,真是太喜欢爬了!因为,爬来爬去,可以看见他想看见的世界!家里的垫子太小,地方远远不够他爬,我就带他到楼下的大广场上去,广场上铺的是木质地板,一放下他,他就像只可爱的狗狗,满地滚爬起来,速度之快,妈妈得跟在他后面跑啦!广场上跳舞的奶奶外婆们乐得笑翻了天,还建议我带他去参加"宝宝爬"比赛呢!颢颢看见大家乐,他更来劲了,"人来疯"地爬得更快了!

他爸是中医,讲究中医养生,他说颢颢真会健身养生啊,爬,是最好的全身运动方式了!他建议大家学颢颢满地爬,听说,这方法很奏效哦!

孩子们,快点儿运动起来吧!运动着,快乐着。

一二一,开步走

相信凡是做父母的,肯定都记得孩子迈开的第一步!

颢颢十二个半月的时候,记得是2011年元旦那天,我们正在朋友家玩,颢颢穿着牛仔背带裤,扶着沙发,走来走去。朋友手里拿了包装非常漂亮的巧克力,站在离他三米开外的地方,逗他说:"颢颢走过来呀,阿姨这里有好吃的巧克力哦!"颢颢看看她,再看看我,我赶紧说:"颢颢勇敢,自己走!"他爸也在旁边鼓励他说:"健康小子,一二一,开步走!"他看看我们,又看了看那诱人的巧克力,不知道到底是巧克力诱惑,还是颢颢真的非常想走路!瞧,这小家伙,不管三七二十一,终于勇敢地、稳稳地迈出了自己人生的第一步,并且,这一走,就是三米多!从此,颢颢就会自己走啦,而且越走越远,越走越快!走路,成了他最爱的新运动了!

十八个月的时候,我们送他入托了。入托第一天,我给他穿上一套运动服,戴上卡通棒球帽,背上小书包,对他说:"颢颢今天长大了,上学啦!"他似懂非懂地看着我,点点头,以为妈妈又要带他去公园玩呢！在去托儿所的路上，他一直跑跑跳跳地走在前面，真像个快乐的小运动员呢。到了托儿所，老师也非常喜欢他。第一天入托，我怕他不习惯，等到九点一刻，做操的时间到了，一群小朋友们排着队，下楼做早操了！颢颢一点也不怯生，跟在高他半头的大哥哥大姐姐后面，认真地学做广播操呢！他又爱上新的运动啦！

　　现在颢颢已经快三岁了，他喜欢的运动也越来越多，比如乒乓球、足球、篮球、游泳等，他还嚷嚷着，要爸妈带他去开赛车呢！喜欢运动的他，练就了结实的好身体，更加快乐自信，我们做父母的也就寓教于乐，让他在运动中学习成长！

第五章

3—6 岁——三岁看大 六岁看老

> 学龄前儿童如何增强体质？幼小衔接如何平稳过渡？父母焦虑的情绪会直接影响孩子的身心健康，父母、孩子和老师都要学会互相尊重、懂得倾听、学会合作，让孩子学会担当和提升解决问题的能力。

一、爸爸在左

1. 学龄前儿童的中医保健

小儿为纯阳之体，要科学养育。但其脾虚肺弱，脾又为后天之本，故小儿以健脾为先，调理脾胃显得非常重要，脾实则肺强，不易生病。

膳食方面

饮食安排时应注意营养均衡，保证热量及各种营养素的摄入量。荤素要搭配，米面要交替，品种要多样。孩子从幼儿园回来后，适当加一些零食，并且要注意防止孩子养成挑食、偏食的毛病。

起居方面

父母要保证孩子该阶段的睡眠时间有10到12个小时，给孩子置办衣服时要选择舒适性高并且便于运动和穿脱的衣服。另外，还要培养孩子养成每天早晚刷牙的习惯，居室内要保持通风、清洁。

2. 学龄前儿童健康食谱

食谱

(1) 南瓜拌饭

原料：南瓜1片，米50克，白菜叶1片，食盐、食油和高汤各适量。

做法：1) 南瓜去皮后，取一小片切成碎粒。

2) 白米洗净，用高汤泡后，放在电饭煲内，待煮沸后，加入南瓜粒、白菜叶煮至米、瓜熟烂，略加油、盐调味即成。

功效：此饭略有咸味，口感好。南瓜含维生素A、维生素B_1、维生素B_2、维生素C、胡萝卜素及蛋白质，有驱除蛔虫、绦虫之功效。

(2) 莲藕薏米排骨汤

原料：排骨500克、莲藕500克、薏米一汤匙。

做法：莲藕洗净，切厚片，薏米洗净，排骨汆水，水开后将材料全部放入，再煮至水沸，改慢火煮2小时，最后放盐调味即可。

功效：去湿清热，益肺，健脾，健胃，壮筋骨，预防感冒，使儿童健康成长。

(3) 核桃汁

原料：核桃仁 100 克、白糖 30 克、清水适量。

做法：1）将核桃仁放入温水中浸泡 5—6 分钟后，去皮。

2）用多功能食品加工机磨碎成浆汁（或旧小石磨带水磨成核桃汁），用干净的纱布过滤去渣，使核桃汁流入小盆内。

3）把核桃汁倒入锅中，加适量清水（或牛奶），加入白砂糖烧沸，待温后即可食用。

功效：甜香可口，营养丰富。核桃仁含丰富的油脂及蛋白质、粗纤维、胡萝卜素、维生素 B_1、维生素 B_2、尼克酸、铁、维生素 E 等，是营养丰富的滋补果品，又是健脑益智、美容长寿的食材。婴儿食此汁，可促进淀粉酶的分泌，润肠通便，增加食欲，提高其身体对营养素的吸收，有助于幼儿的生长和大脑的发育。

4) 杞子银耳冰糖水

原料：枸杞 50 克、银耳 30 克、核桃肉 100 克、冰糖少许。

做法：将枸杞洗净；银耳用温水泡软，去蒂，撕成小块；核桃肉洗净。先煮沸适量水，放入银耳、枸杞，改用小火煲 30 分钟；加入核桃肉，再煲 10 分钟；最后放入冰糖煮溶化即成。

功效：滋阴润肺，补中益气。

二、"天心居"秘笈

1. 让孩子爱上米饭

孩提时我常听祖辈讲，一粒米，是农民伯伯用七斤四两水浇灌培养出来的。小时候也常念："锄禾日当午，汗滴禾下土。谁知盘中餐，粒粒皆辛苦。"可见，一粒米，也是来之不易的。有人说，碳水化合物不足为奇，不吃也无所谓，多吃不利于健康。

《黄帝内经·素问》："五谷为养，五果为助，五畜为益，五菜为充，气味合而服之。"民以食为天，米饭最养人。东方人以稻为养，西方人以麦为养。中华民族传统膳食结构的特点是以植物性食物为主，植物性食物富含膳食纤维，多吃蔬菜、粗粮、红薯等富含膳食纤维的食物，可以使大便通畅，对预防肿瘤有积极的意义。难怪中国民间素有"粗茶淡饭，吃出铁汉"的民谚。人是铁，饭是钢，谷物坚果增健康。

古人确有智慧，在疾病的防治上常用大米或小米作为引药，起到四两拨千斤的作用。中医治失眠第一张方，是半夏秫米汤。它出自《黄帝内经·灵枢·邪客》，距今已有两千余年，疗效确切，因此至今仍在临床上应用。本方由半夏、秫米组成。据《黄帝内经》述，本方服用，"新发病者，覆杯则卧，汗出而愈"，"久病者，三次饮服而愈"，可见疗效迅捷。"胃不和则卧不安"，就出自于这里。其中秫米，就是当今的小米。而小米粥是健康食品，可单独熬煮，亦可添加大枣、红豆、红薯、莲子、百合等，熬成风味各异的营养粥。小米磨成粉，可制糕点，美味可口。不过，需要注意的是，小米的蛋白质营养价值并不比大米更好，因为小米蛋白质的氨基酸组成并不理想，所以，对学龄前正在生长发育的儿童来说，应该让他们爱上最养人的大米饭，以大米为主食，尽量少吃零食，并且注意荤素搭配，以免缺乏其他营养。

2. 保证充足的睡眠

学龄前儿童每天应该睡多久？晚上什么时候睡觉最科学？午睡是否需要？美国《国家科学院院刊》曾发表过一项研究：科学家们对来自6所幼儿园的40名儿童进行了实验，结果显示，睡午觉儿童的记忆能力比不睡午觉儿童的记忆能力平均高10%。并且，有研究证明：孩子能否长高个儿，70%取决于遗传，30%由后天决定。后天因素里面，充足的睡眠是第一因素，3—6岁的学龄前儿童理想的睡眠时间应该每天保持10—13个小时，每天应该适当地午睡。

如今，生活节奏快，工作压力也大，年轻的父母大多数是晚睡晚起，认为孩子也可以和自己一样，但老一辈就不这么认为，所以很多家庭里的婆媳两代人就常常因为孩子几点睡觉，发生各种各样的矛盾。

现在的生活条件都很好，孩子不缺营养，运动也基本可以跟得上，差别就在于现在孩子普遍睡眠不足。生长发育专家为何这么在乎孩子的睡眠时长，而且一直呼吁学龄前儿童要在八点半上床睡觉呢？

科学证明，生长激素每天在21:00—1:00和5:00—7:00这两个时间段分泌得最多，而且不是说睡下了就行了，而是要深度睡眠，孩子一般要用90分钟左右才能进入深度睡眠，所以建议在八点半上床睡觉。

因为这个年龄段的幼儿生长激素的分泌，主要集中在晚上，所以3—6岁的孩子一定要把握好以上两个黄金睡眠时间，睡得好，记性好，长得高。

三、爱心加油站

1. 性器期性格

3—6岁，对应于弗洛伊德成长阶段论的男性生殖器崇拜阶段。

这一时期，儿童的智力、能力都有了进一步的发展，语言表达更为精确、流畅，思维水平也有了长足的进步，对事物满怀好奇，充满着探索精神。在儿童对自己、对周围的环境进行探索的时候，如果父母对于他的尝试和探索积极鼓励的话，那么儿童就会形成一种健康的独创性意识。反之，如果父母对于儿童的独创性行为和想象力不屑一顾，甚至加以讥笑的话，儿童就会缺乏自信，在行动之前往往考虑再三，甚至会为自己的想法、行为感到内疚。于是，他更倾向于生活在别人为他安排好的狭隘环境中，更倾向于听命于别人来安排他的生活。

如果儿童在此阶段获得的主动性体验胜过内疚的感受，就会形成良好品性，即拥有正视和追求有价值目标的勇气。

2. 三岁看大，六岁看老

俗话说："三岁看大，六岁看老。"事实上一个孩子的人格核心在六岁以前就已经完全形成了，而塑造者就是父母和老师。《上海家庭报》上一篇文章说，上海地区一项关于儿童健康状况的调查表明，学前儿童由于营养条件和医疗保健条件的日益改善，身体情况一般良好，但心理问题却较严重。有1/4的儿童出现不同程度的心理偏异症状，主要表现为精神过度兴奋、焦虑和抑郁；少数儿童有精神病倾向。所以，关注学龄前儿童的心理健康问题至关重要。

人们发现，不管是在家庭还是幼儿园，孩子在过分赞扬声中生活，他将学会自负；在羞辱中生活他将学会自卑；在忍耐中生活，将学会隐忍；在争吵中生活，将学会诡辩；在埋怨中生活，将学会嫉妒；在缺乏温暖的环境中生活，将学会冷漠。我们应该给孩子更多的家庭温暖，更多的亲人、父母之爱，应该鼓励孩子学会自尊、自信与自爱，孩子表现好，就给予适当的表扬；反之，就要适当地批评。教育崇尚孩子积极健康朴素的生活，让他们学会公道与平常心，不要盲目攀比等。调查证明，父母对孩子教育不良，父母溺爱，态度粗暴，或家长情绪严重不稳定，家庭不和，父母离异等，都会使孩子出现心理偏异。

弘一法师曾说："先器识而后文艺。"学龄前儿童的人格与品质培养比读书后的学习成绩更重要，孩子在幼儿园受到老师的影响当然重要，但家庭影响对学龄前儿童是最重要的，尤其是父母对孩子言传身教做好榜样。什么样的父母，就教出什么样的孩子来。很多问题儿童大多成长于支离破碎的单亲家庭，或者是父母工作繁忙、老人过分宠爱的家庭。孩子是我们的未来，教育好孩子是父母不可推卸的责任，这个问题应该引起父母们足够的重视！

四、妈妈在右

我叫"男子汉"

我经常和好朋友讨论男孩性格养成的话题，她问我在对颢颢教育的过程中有没有对他进行"性别教育"，或者因为颢颢是男孩子，在养育上是否有困惑的地方。

回答当然是肯定的，记得颢颢刚过三周岁生日时，正处于性器期阶段，他的智力、能力都有了进一步的发展，语言表达更为精确、流畅，思维水平也有了长足的进步，对事物满怀好奇，充满着探索精神。在对自己、对周围的环境进行探索的时候，如果父母对于他的尝试和探索积极鼓励的话，那么孩子就会形成一种健康的独创性意识。在这个阶段，颢颢的"性别"意识很强烈了！

比如他洗澡时，经常问妈妈："什么是男子汉、女子汉呢？""我为什么有小鸡鸡呀？""妈妈的'奶奶'为什么大？我的'奶奶'为什么小？""为什么女生扎小辫，男生光头呀！"这些让人尴尬或忍俊不禁的问题经常困扰着我。

我回答颢颢说:"男生就是男子汉,顶天立地,没有女子汉呀!""因为你是男生,所以有小鸡鸡呀!这是男生的标志!""妈妈'奶奶'大,是因为你小时候不会吃饭,要喝奶,这是妈妈放奶的'碗'呀!""女生头发长扎小辫,是女生的标志!男生光头,方便戴各种好玩的帽子呀!"

颢颢两岁半时,有次全家在外面吃饭,上厕所时,颢颢缠着要我陪他去,我就拿经常鼓励他的话说:"颢颢男子汉,爸爸陪你去男厕所!"他闹着说:"我不是男子汉,我要跟妈妈上厕所!"我仍然坚持,觉得两岁多的颢颢是男生,当然要跟爸爸去男厕所!颢颢不明白男生的意思,仍然倔强着不跟爸爸去。结果,颢颢裤子尿湿了,弄得全家都不愉快。

后来,我想了个好办法,知道颢颢最喜欢托马斯,就准备了几部新的托马斯小火车,每次让爸爸带他上厕所,并让父子俩比赛!游戏结束后,马上奖励他一部新的托马斯小火车,这样几次下来,颢颢觉得跟爸爸一起去厕所很开心,还有最心爱的托马斯小火车奖励呢!以后,和爸爸一起去男厕所,就变成自然而然的习惯了!

据支持环境因素的学者推测,如果男孩小时候远离男性同伴和男性角色长大后,这种男性缺失的情感有可能导致他们在青少年时期、成年时期找男性做爱人或性伙伴。所以,男孩的家庭教育中,爸爸的陪伴与引导是必不可少的,是培养锻炼"男子汉"最重要的因素。

颢颢一岁半时,就被我们送到托儿所了,性格外向的他适应很快。等到两岁半上幼儿园的托班时,他已经很"适应"了。我一直跟他说:"颢颢是男子汉,很棒的!"他当然对"男子汉"不理解，还以为是自己的另一个名字呢！刚到幼儿园那天，老师问他叫什么名字？他脱口而出："我叫男子汉！"逗得老师们哈哈大笑！

今年开学第一天，早上八点多，外面又是下雨夹雪，又是刮大风，他爸有点舍不得，想开车送颢颢去幼儿园，军人家庭出身的我看不惯了，让他爸去上班。我换上雨鞋，又拿出颢颢的黄雨衣和新的套鞋，对他说："颢颢男子汉，不怕困难，我们穿上雨衣套鞋，自己去幼儿园，还可以踩水塘呢！"颢颢听了很开心，全副武装后，母子俩冒着风雪向幼儿园走去，一路上，颢颢扬着冻得红通通的小脸，大声说："我叫男子汉，我踩水塘啦！一个，两个……"小小男子汉坚强的背影，让路人都称赞感动。那天，虽然弄湿了点裤脚，也迟到了一刻钟，班级老师和门卫叔叔都大大地表扬了他！回家后，爸爸问他怎么去幼儿园的，颢颢挺着小胸脯大声说："我叫男子汉，踩了十个水塘，就到幼儿园了！"

所以，在我们的家庭教育中，需要给予孩子正确的定位。让男孩子从小认清自己的性别，放手粗养，决不能娇生惯养，锻炼孩子的坚强意志，以及作为一个真正"男子汉"应有的责任与气概！

我是"小中医"

因为朋友们都开玩笑地叫他爸爸"老中医"，颢颢自然就成了名副其实的"小中医"！"小中医"颢颢小小年纪，耳濡目染,跟老中医爸爸学起搭脉看病啦!当朋友来家里玩,顺便请他爸爸搭脉咨询健康状况时,只要颢颢在场,他就会抢先跑到朋友面前,用小手的三个手指搭住人家的手腕说:"我是小中医颢颢,搭脉看病啦!"他还学着老中医爸爸,像模像样地皱皱眉头,一副认真思考的样子,然后煞有介事地说:"挺好,不用开方子,多喝点开水就好了!"或者,他会抢先拿支笔,在纸上涂画一番说:"不大好,开张方子,喝中药吧!"哈哈"小中医"颢颢觉得是否要开方子,取决于他手上是否拿了支笔?还是他当时的心情好坏?只有等他长大才知道啦!

每次小便,颢颢都要查看自己小便的颜色,然后自言自语:"颢颢小便有点黄,要多吃水果,多喝水!"有时,去洗手间,他会把小便飙得很高,像是小喷泉,然后开心地说:"喷泉啦!颢颢小便很好,不用吃中药了!"乐得我简直要喷饭!

"小中医"颢颢真是调理得好,吃得下,睡得着,拉得出。这也是他老太爷的养生秘诀。颢颢的老太爷是正宗的"老中医",曾在黄河路开过门诊,老太爷性格开朗,活跃喜动,乐善济贫,健康长寿,活到一百岁。"小中医"颢颢得了老太爷的遗传基因,他活泼好动、吃饭香香、身体棒棒。人家孩子爱挑食,不吃这个,不吃那个,颢颢却是荤素皆宜,样样都吃,并且是一吃一个饱!当然,和所有的孩子一样,他也爱吃糖和巧克力,我们是遵循顺其自然的原则,没有强行规定不给他吃糖和巧克力,而是规定时间和分量,尽量少吃。比如,巧克力热量大,我们就规定他只能上午吃一点巧克力(节假日除外),其他时间不能再吃巧克力,可以吃些水果糖,但晚上绝对不能吃糖,并且,养成晚上八点左右吃水果的习惯,吃好后,一刻钟后再喝"养生奶"(热牛奶),然后洗脸刷牙。上床后再看二十分钟图书,听妈妈讲故事,大概八点半,颢颢就哈欠不断,说要睡觉了。

"小中医"真是很"深谙"养生之道,他的作息时间比较有规律,饮食睡觉习惯也好,所以养得好。小家伙像小树苗一样,长得真快。孩子小,关键做父母的要言传身教,以身作则!

附录

让微信飞——

妈妈育儿心得：（60后、70后、80后、90后）

当今社会，真是光怪陆离的万花筒，千变万化。生儿育女本来是人类最自然的事情，现在却变成了越来越大的社会"问题"。大都市的女性们可能因忙于读书、事业，虽然适龄顺利结婚生育的人很多（面对即将到来的老龄化社会，70后、80后、90后生"老二"的渐渐多起来），但晚婚、晚育或不孕不育的也日渐增多。由于种种因素，年过35岁的"三高"准妈妈越来越多，随之，就带来了各种各样的有关生儿育女的话题。

下面我们分别介绍身边几位60后、70后、80后、90后妈妈微信中的育儿心得，与大家一起交流分享！

米家属汪汪：

公司老板，1961年生，先生比其大12岁。夫妇俩对中医情有独钟，性格乐观开朗。经中医开方调理与指导，她接受了试管授精手术，前后共八次，最后一次成功了，经过努力，在46岁时顺利剖宫产下八斤的健康儿子，宝宝现已五岁，母子安康。

育儿心得：

"三高"，其实对现在的社会来讲应该不算稀奇，如今医学发达，人类的寿命普遍比以前长。我在经历多次的怀孕失败之后，在46岁那年的春天，我终于在奥运年迎来了宝宝，迎来了全新的生活！所以，高龄产妇怀孕并不可怕,并且会带来奇妙的感受,心态决定一切!

高妈妈:

外企CEO,1967年生,先生比其大5岁。40岁前,她工作繁忙,平时不喜欢运动,曾经做过三次人工流产,之后一直不能怀孕,经过四年多中西医调理诊治和锻炼,终于在2009年43岁时成功怀孕,剖宫产下一子。

育儿心得:

好孩子的背后一定有位好妈妈!中医育儿很有道理,孕前孕后最好都要进行中医调理!坚持就是胜利!孩子是最大的财富!孩子是生命的延续!

唐妈妈:

外企高级职员,1969年生,先生与其同年。她本人体质偏弱,婚后十年不育。经过近两年多中西医结合调理诊治,她终于在2011年顺利生产一女。

育儿心得:

身体是生育的本钱!妈妈身体调理好,才能生出健康宝宝!

彤妈妈:

饭店老板,1971年生,先生比她大4岁。15年前她曾顺产一女,经过中医调理,现又成功自然怀孕,2013年1月1日,她在美国顺利剖宫产下七斤八两男婴。

育儿心得:

记得2012年42岁刚怀孕的时候,我们夫妻都很担心,怕高龄生不出健康宝宝。再加上我前三个月孕吐很厉害,几乎没吃进什么营养的食物,那时,我们还在纠结是否要留下这个孩子。在身边朋友们的鼓励下,我们最后还是决定去美国生产。在美国,我们看到,像我这样的高龄产妇很多!跟我同去美国生产的是福建的一位"三高"妈妈,64年的,快50岁了,今年照样生了一个健康帅气的男宝宝呢!并且,美国医生说,对于高龄产妇来说,怀孕生子,体内激素的改变,会让她们延缓衰老,焕发第二春!我的第一个女儿生得早,都是家人帮忙喂养带大的,现在,养育儿子几乎都是我自己亲力亲为的,并且我坚持母乳喂养,感受真是刻骨铭心。虽然累些,但我心里真的很开心,这辈子有儿有女,心满意足了!

四个孩子的妈妈:

纤体美容达人,1972年生,澳籍华人。她曾经是网球运动员,酷爱体育运动,并且和先生都喜欢中医,经常回国进行中医调理。为了追求爱情,她经历了两段婚姻,第一次婚姻育有一儿一女,第二次婚姻又生育了一儿一女,喜欢孩子的她争取到了承担四个孩子的抚养教育权。孩子们最大的16岁、最小的6岁,四个孩子健康聪明活泼!

育儿心得:

因为爱,所以爱。孩子是爱情的结晶!我从26岁生老大,一直到36岁生老四,都是剖宫产生的,现在自己还是很美丽,身材保持得也很好。养育四个孩子对妈妈来说,虽然辛苦些,但孩子是家里的开心果,他们是我最好的朋友,一定要和孩子们平起平坐,我可是家里的孩子王呢!

Jerry:

大学教师,1972年生,先生小其一岁。因为工作忙碌等一直没生育,经过一段时间中医调理及积极锻炼,2012 年 40 岁时在美国顺产一女。

育儿心得:

希望妈妈们更有自信,更坦然地面对生育,千万不要因此放弃自然分娩,只要调理得当,顺产也是很简单的事。母乳喂养很重要,既健康安全,又营养方便。

黄妈妈:

报社主编,1972 年生,先生小其一岁。29 岁育有一女。

育儿心得:

多运动、健身,健康饮食,孕育下一代就是一件小事。孕前中医调理身体非常有道理,大环境好了,才有利于小宝宝的"生根、发芽"。现在,我非常想再生个大眼睛儿子!

三宝妈:

外企高管,1980 年生,先生与其同岁。她分别于 2008 年、2010 年、2012 年剖宫产生下二女一男三个健康宝宝。现为全职妈妈。

育儿心得:

第一因为喜欢孩子,第二香港医学观念与大陆不一样,没想太多,就这样糊里糊涂生了!其实,关于育儿,个人觉得妈妈的心态决定状态!我们应该享受人生不同的阶段,例如孩子在两三岁阶段属于似懂非懂,讲道理没用的时候,我们如果把五六岁的标准强加于她,结果会两败俱伤!我们要以一种平和的心态、享受的心情去面对孩子的无理取闹、天真无邪!付出多少就收获多少!虽然很累但我却享受着人世间无价的天伦之乐!加油,妈妈们!

琦妈妈：

设计师，1983年生，身材高挑年轻漂亮，先生大其三岁。她喜欢体育运动，2007年剖宫产下一子，2012年又剖宫产下一子，美丽依旧。

育儿心得：

母爱伟大！只要孩子们健康快乐，所有的付出都是值得的！现在看着大儿子亲小儿子面孔时，我就禁不住感慨：兄弟俩真是手足情深呀，我是世界上最富有、最幸福的妈妈！

果果：

杂志社记者，1981年生，先生与其同岁。她热爱大自然，喜欢户外运动，2009年顺产一女，健康美丽活泼！目前，正在考虑生"老二"！

育儿心得：

爱的寄语

闻不够你香甜的气息，

看不够你粉嫩的小脸。

你每一个微小的进步，

都是我最大的幸福。

舍不得你哭，

舍不得你受一点点苦，

甚至，

舍不得你长大，

因为有人说，

长大意味着分离。

可是，

有时候，

我还是不得不让你哭,

不得不让你受一点点苦,

因为,

这是成长的代价。

孩子成长路上,磕磕碰碰是在所难免的,宝宝也正是在磕磕碰碰中成长起来的。所以,别把心疼写在脸上,别让母爱肆意泛滥!宝贝的人生之路才刚刚起步,今天,我们平静淡定地告诉他如何面对磕磕碰碰;明天,他才能从容不迫地去面对人生的风风雨雨。

毛毛:

电视媒体人,1981 年生,先生长其一岁。她分别于 2010 年、2012 年顺产诞下两个"开心儿子"。

育儿心得:

感觉关于育儿的话题很多,但又无从说起。如何做个合格的好妈妈是需要和孩子一起不断学习成长的。其实养育孩子本身丰富了自己的人生,从这个角度来想是要感谢孩子的。很多情感,还有很多责任都是在养育孩子的过程中堆积起来的,感谢他们选择降生在我们家,选择我们作为他们的父母!

菲菲:

文艺工作者,1990 年生,先生长其 5 岁,年轻漂亮活泼。她于 2012 年 10 月份顺产一女,以后想再生个"小王子"。

育儿心得:

我觉得当妈妈真是一件幸福快乐的事!生下宝宝双满月后我就复出工作了!宝宝一直由外婆、奶奶和育婴师照顾喂养着,我这个妈妈只是和宝宝一起玩玩闹闹，感觉我们的"小公主"真像漂亮的玩具洋娃娃，她和我一样漂亮、可爱、活泼，我和她平起平坐，是母女，像姐妹，更像是好朋友！

后记：陪伴是最好的爱

当完成本书的最后一个章节时，我们夫妇真是长长地舒了一口气，断断续续写了近三年，利用点点滴滴的业余时间，理论联系实际，边带孩子边写书，终于完成了本书的写作，这种感觉真像是又生了一个孩子！

我们夫妇，结婚晚，生孩子也晚，父母年龄大了，帮不上忙，只好我们亲自带孩子。在上海，请个可靠阿姨真的好难，换来换去好几个，都不放心满意，于是，我们还是决定完全自己带，亲自抚育陪伴孩子。大都市的人忙，中年得子的我们更忙。

"女子本弱，为母则刚"。自从生了颢颢后，我就辞去了以前的记者工作，回家自己带孩子，坚持母乳喂养近一年。一直到颢颢18个月入托，我才复出工作，在某研究机构做些策划事宜，并且每天也只是做半天的工作。每天朝九晚四要接送孩子，下班回家后还要赶着时间打扫卫生、做饭，陪孩子玩各种游戏，讲睡前故事等。人说恋爱的女人最美丽，当了妈妈的女人最幸福，是因为对家庭有了更深的责任感，对爱有了更深刻的理解，真得感谢大头儿子颢颢，是孩子让我变得更加完美和完整。

做爸爸的，当然也是一刻不得闲。在市中医院工作已经很忙了，忙出差开会、医院门诊、电视讲座等，自从做了奶爸后，就更忙了，一会儿要帮儿子洗澡，一会儿又要陪小家伙读书、练功夫，屁股刚坐定，想休息一会儿，颢颢又挥舞着小手臂，指挥爸爸"骑大马"，到苏州河边兜兜风，练练中国功夫。爸爸也整天忙得"团团转"，事业、家庭，一个都不能松懈。

陪伴是最好的爱！父母给予孩子最好的爱，就是共同陪伴孩子成长。我们夫妇切身体会到了"可怜天下父母心"。父母对孩子真是一片拳拳之心，殷殷之情。"养儿才知父母恩"，孕育生命，教养儿女，酸甜苦辣，个中滋味，真是痛并快乐着！也只有做了父母，才能真正感受到。

真爱如阳光。当初，我们写此书的动力就是对孩子真诚无私的爱。看着在爱的阳光中一天天长大的孩子，真是打心眼儿里觉得满足开心；同时，孩子是生命的延续，他的阳光快乐也时刻感化着我们，让我们又重新拥有了远去的童心，跟孩子在一起玩闹时，就会感觉阳光满怀。

父母对孩子表达爱的方式有很多种，物质的与精神的，在繁华热闹的大都市里，也许，物质的更多。我们在繁忙的工作之余利用点点滴滴的时间写了这本孕育手记，并配上孩子稚拙的儿童画，作为送给孩子独特的精神礼物。等他长大了，就会明白父母的良苦用心了。

童心如阳光！看着颢颢天真无邪的阳光笑脸，想象着他收到这份特殊礼物时的惊喜与快乐，我们所经历的辛苦全飞到九霄云外了！也祝天下父母、孩子们沐浴真爱的阳光，健康快乐每一天！

在此，特别感谢华东师范大学出版社的王焰社长和编辑们，也再次感谢师兵先生、书画指导老师丁衍先生、张莉丽女士、卓婕女士，感谢摄影家赵伟、张建强、徐孝林、高剑平,感谢王开照相馆等,感恩所有关心我们的亲朋好友和广大热心读者们!

许良　居平

于阳光灿烂的日子里

图书在版编目（CIP）数据

爸爸在左　妈妈在右——"天心居"育儿秘笈/许良居平著.—上海：华东师范大学出版社，2018
ISBN 978-7-5675-4726-1

Ⅰ.①爸… Ⅱ.①许… Ⅲ.①儿童教育-家庭教育 Ⅳ.①G78

中国版本图书馆 CIP 数据核字（2018）第 045875 号

爸爸在左　妈妈在右
——"天心居"育儿秘笈

著　　者	许良　居平
策划编辑	王　焰
项目编辑	孔　灿
特约审读	高淑贤
责任校对	时东明
版式设计	宋学宏
封面设计	王若辰

出版发行	华东师范大学出版社
社　　址	上海市中山北路 3663 号　邮编 200062
网　　址	www.ecnupress.com.cn
电　　话	021-60821666　行政传真 021-62572105
客服电话	021-62865537　门市（邮购）电话 021-62869887
地　　址	上海市中山北路 3663 号华东师范大学校内先锋路口
网　　店	http://hdsdcbs.tmall.com

印 刷 者	杭州日报报业集团盛元印务有限公司
开　　本	787×1092　16 开
印　　张	11.75
插　　页	4
字　　数	145 千字
版　　次	2018 年 8 月第 1 版
印　　次	2018 年 8 月第 1 次
书　　号	ISBN 978-7-5675-4726-1/G·9077
定　　价	45.00 元

出版人　王　焰

（如发现本版图书有印订质量问题，请寄回本社客服中心调换或电话 021-62865537 联系）